立山曼荼羅

絵解きと信仰の世界

福江充

法藏館

【立山曼荼羅図鑑】

立山曼荼羅は、越中立山にかかわる山岳宗教、いわゆる〝立山信仰〟の内容が網羅的に描かれた掛軸式絵画である。画面には、「立山開山縁起」「立山地獄・浄土」「立山禅定登山案内」「芦峅寺布橋大灌頂法会」などの内容が、日輪や月輪、参詣者などとともに、巧みな画面構成で描かれている。立山衆徒はこの絵画を絵解きして、立山信仰を全国に広めた。現在41点の作品が確認されている。

1【最勝寺本】

形態―紙本一幅、法量―縦一七五・〇センチ×横九六・〇センチ(内寸)、系統―芦峅寺系、成立―安政二年(一八五五)、所蔵―最勝寺。

2
【大仙坊A本】

形態―絹本四幅、法量―縦一三三・〇センチ×横一五七・〇センチ(内寸)、系統―芦峅寺系、成立―江戸時代後期、所蔵―個人。

3 吉祥坊本

形態―絹本四幅、法量―縦一二八・五センチ×横一四七・〇センチ（内寸）、系統―芦峅寺系、成立―慶応二年（一八六六）、所蔵―個人。

4【坪井家A本】

形態—紙本四幅、法量—一八〇・〇センチ×横一八六・〇センチ（内寸）、系統—芦峅寺系、成立—天保元年（一八三〇）以前、所蔵—個人。

5【宝泉坊本】

形態―絹本四幅、法量―縦一四〇・〇センチ×横一八〇・〇センチ(内寸)、系統―芦峅寺系、成立―安政五年(一八五八)、所蔵―個人。

6【立山博物館本】

形態―紙本二幅、法量―縦一三一・七センチ×横一一七・六センチ（内寸）、系統―岩峅寺系、成立―文政二年（一八一九）、所蔵―富山県［立山博物館］。

今昔、越中ノ国、「　」ノ郡ニ立山ト云フ所有リ。

昔ヨリ彼ノ山、地獄有ト云ヒ伝ヘタリ。

其ノ所ノ様ハ、原ノ遙ニ広キ野山也。

其ノ谷ニ百千ノ出湯有リ。深キ穴ノ中ヨリ涌出ヅ。

巌ヲ以テ穴ヲ覆ヘルニ、湯荒ク涌キ、巌ノ辺ヨリ涌出ヅルニ、大ナル巌動ク。

熱気満テ、人近付キ見ルニ、極テ恐シ。

亦其ノ原ノ奥ノ方ニ大ナル火ノ柱有リ。常ニ焼ケテ燃ユ。

亦、其ノ所ニ大ナル峰有リ。帝釈ノ嶽ト名付タリ。

「此レ、天帝釈、冥官ノ集会シ給テ、衆生ノ善悪ノ業ヲ勘ヘ定ムル所也」ト云ヘリ。

其ノ地獄ノ原ノ谷ニ大ル滝有リ。高サ十余丈也。此レヲ勝妙ノ滝ト名付タリ。

白キ布ヲ張ルニ似タリ。

而ルニ、昔ヨリ伝ヘ云フ様、

「日本国ノ人罪ヲ造テ、多ク此ノ立山ノ地獄ニ堕ツ」ト云ヘリ。──『今昔物語集』より

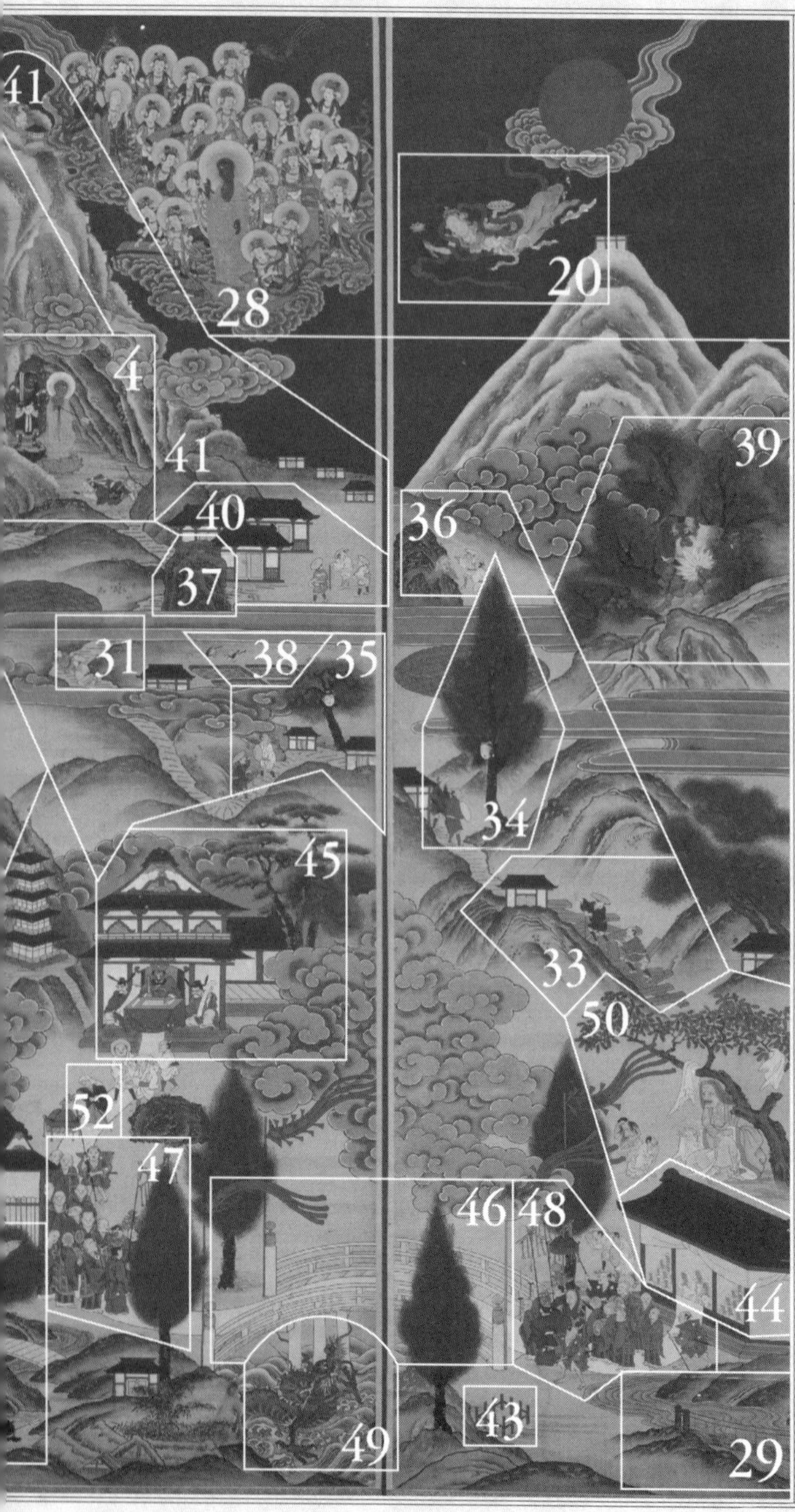

【大仙坊A本】

図中の各番号については、本文一八頁以降を参照。

20
28
42
8
5
22
13
24
26
16
7
17
23
32
25
10
6
12
9
21
14
27
11
19
30
18
51
1
2
3

【吉祥坊本】

図中の各番号については、本文三二頁以降を参照。

2
3
10
11
1
9

立山曼荼羅——絵解きと信仰の世界＊目次

第七章　画中に描かれた名勝……125

第八章　立山曼荼羅の用語と形態・素材・制作……150

立山曼荼羅

——絵解きと信仰の世界

プロローグ

富士山・白山とともに日本三名山といわれた立山。その雄大な自然と古くから人々に知られた地獄信仰は、多くの日本人を惹きつけてきた。

ところで、「立山曼荼羅」と呼ばれる宗教絵画をご存じだろうか。それは、立山にかかわる山岳宗教、いわゆる〝立山信仰〟の内容が、大きなものでは縦一六〇センチ×横二四〇センチの大画面に網羅的に描かれた掛軸式絵画のことである。私の調査では、これまで、全国各地に四十一点の作品を確認している。

立山曼荼羅の画面には、立山の山岳景観を背景として、この曼荼羅の主題である「立山開山縁起」のいくつかの場面をはじめ、立山地獄の様子、阿弥陀如来と諸菩薩の来迎場面、立山山麓・山中の名所や旧跡、芦峅寺布橋大灌頂法会の様子などが、マンダラのシンボルの日輪（太陽）・月輪（月）や参詣者などとともに、巧みな画面構成で描かれている（冒頭カラー頁「立山曼荼羅図鑑②」、以下、**口絵2**と略記）。

一方、別の視点で立山曼荼羅を見ていくと、その画面には立山連峰上空の天道や立山地獄谷の地獄道・餓鬼道・畜生道・阿修羅道、立山山麓の人道など、いわゆる六道の表現（六道絵）と、阿弥陀聖衆来迎の表現といった二つのモチーフが描かれており、したがってこれは、「六道・阿弥陀聖衆来迎図」としても位置づけることができる。

さて、立山曼荼羅の絵のなかでひときわ目を引くのは、立山地獄の場面である。立山山中の地獄谷を、現世に存在する地獄の世界とみなしている。そして、そこで獄卒たちが亡者に加える激しい責め苦の描写は、見る人に強烈な印象を与えるに違いない。

閻魔王の前に亡者が引き立てられ、生前の罪を裁かれている。ある亡者は生きていたときにたくさんの嘘をついたのだろう。獄卒に舌を抜かれて苦しそうに血を滴らせている。親より先に死んだ子どもが堕ちて、獄卒に怒られながら石を積む賽の河原。女性であればその生理ゆえ避けられない血の池地獄。動物を虐待すると自分が動物になってしまう畜生道。戦争ばかりしていると、死んでからもそれに明け暮れる阿修羅道など、残念だが人間であれば、必ずどれかに該当してしまうだろう。

しかし、ここからが立山の素晴らしいところ。誰もが堕ちる恐怖の地獄世界に対し、立山山中には玉殿窟のように阿弥陀如来が顕現する聖地があり、また、立山連峰の浄土山かあるいはその背後のどこか遠い彼方に、救済の世界として極楽浄土が用意されている。立山は、いわば自然のなかで地獄と浄土といった仏教世界が一緒に体験できる、世にも稀な人間救済空間なのである。

これは、現在各地にあるテーマパークの先駆け的なもの、自然が造り出した「仏教テーマパーク」とも言えるだろう。だから仏の阿弥陀如来は、多くの人々がそこで体験修行ができるように、わざと熊に変身し、佐伯有頼を立山山中に導き、立山を仏教の山として整備させた。この物語を記したのが「立山開山縁起」である。ただし、立山は女人禁制だった。そこで、女性に対しては登山の代わりに山麓の芦峅寺で布橋大灌頂の法会を行って、極楽往生の願いをかなえていた。こうした一連の内容は立山曼荼羅の画面に網羅的に描かれ、立山信仰を布教した立山衆徒（芦峅寺衆徒と岩峅寺衆徒）に絵解きされ、全国的にたいへん人気を集めた。

ところで、現代の日本では、近代医学や遺伝子工学などの目覚ましい進歩により、人間の死生観や道徳観が大きく揺らぎはじめている。いわゆる「脳死」を中心に、「臓器移植」や「安楽死」「尊厳死」、あるいは出産にかかわる「人工授精」や「体外受精」などが大きな社会問題になっており、さまざまな議論・模索がなされている。また最近、人の死を全く厭わない凶悪な犯罪が多発しており、加えてその低年齢化も大きな社会問題になっている。さらに、日本は世界有数の長寿国となったが、一方で出生率の著しい低下がみられ、生老病死にかかわるさまざまな問題も浮かび上がってきている。

このように日本人の死生観や道徳観が著しく混迷する現在、立山曼荼羅は案外大きな意味をもつように思う。なぜなら、この絵には山中他界観や地獄観、山中浄土観など日本人の死後世界観をはじめ、輪廻・転生の思想、神仏習合の思想、十王思想、密教、浄土教、修験道など、先人が長い時間をかけて形成してきたさまざまな思想や宗教が、いわば知恵袋のごとく凝集して込められているからである。そしてこのような立山曼荼羅は、少なくとも戦前までは続いていた立山信仰の布教活動で、大人の宗教教育や子どもの道徳教育の教材としても充分に効果を発揮していた。

しかし残念ながら、今はもうこうした文化は廃れてしまっている。そこで本書では、かつての立山曼荼羅の絵解きを意識しながら自分なりに絵を読解していくことで、今一度、日本人の精神世界を見つめ直してみようと思う。基本テキストには、主に芦峅寺の立山曼荼羅『大仙坊A本』と『吉祥坊本』を使用していきたい。

第一章　加賀藩立山衆徒の勧進布教活動と立山曼荼羅

一　立山衆徒の勧進布教活動と立山曼荼羅

江戸時代、立山信仰の拠点村落であった立山山麓の芦峅寺と岩峅寺（ともに、現、富山県立山町）は加賀藩の支配下に置かれ、それぞれ三十八軒と二十四軒の宿坊を構え、同藩の祈願所や立山禅定登山の基地としての役割を果たしていた。とくに芦峅寺は、立山連峰を越えて越中から信濃に抜けることが可能な間道に対する、関所の役割も果たしていた。

芦峅寺は標高約四〇〇メートルの高所に位置し、その自然環境（気温・日照時間・水温などの問題）から稲作には適さない村であった。したがって、この村では焼畑・炭焼・木挽などを主な生業としてきた。このような場所的・生業的な面からとらえると、芦峅寺の場所は「ヤマ」あるいは「サトヤマ」として位置づけられ、さらに、その中核である芦峅中宮寺は「山宮」として位置づけられる。一方、岩峅寺は山麓で常願寺川右岸扇状地の扇頂部に位置し、中世より荘園村落として発達、稲作を主な生業としてきた。このような場所的・生業的な面からとらえると、岩峅寺の場所は

「サト」として位置づけられ、さらに、その中核である立山寺は「里宮」として位置づけられる。
両村のうち、芦峅寺の各宿坊家は、たとえば尾張国や江戸・信濃国など、それぞれの地域に檀那場（立山信仰の信徒がある程度集中して存在する得意先）を形成し、その衆徒は毎年農閑期になると自分の檀那場に赴き、立山信仰を布教しながら護符（お守り札）や経帷子を頒布して廻った。こうした宗教活動を「諸国檀那配札廻り」や「廻檀配札活動」などという。

衆徒はさまざまな護符を刷っていたが、廻檀配札活動の際には牛玉札を中心に火の用心や祈禱札、山絵図、経帷子などを頒布した。また、とくに女性の信者には血盆経や月水不浄除、安産などの祈禱札を頒布した。このほか、護符に限らず、反魂丹などの薬や現地で調達した箸・針・楊枝《ようじ》・扇・元結なども頒布して利益を得ている。

檀那場では、主に庄屋（名主）宅を定宿としたが、その庄屋は現地で立山講の信徒たちをとりまとめる周旋人である場合が多い。護符などの具体的な頒布方法については、まず、衆徒が定宿の庄屋に対し、その村で必要な護符の枚数について注文をとる。それに対し庄屋は人足を雇い、村内の檀家を中心に、時にはそうでない家々までも巡回させ、村人が必要とする護符の枚数を把握する。衆徒はその枚数分の護符を庄屋に渡し、実質的な頒布はすべて、庄屋および庄屋が雇った人足に任せてしまうのである。

ある村での勧進活動が終わると衆徒は次の村に向かうことになるが、その際、檀家に頒布するために持ち込んだ護符や経帷子・小間物・薬・土産などのたくさんの荷物のなかから、その村で必要な品物を必要な数量だけ取り出し、残りの荷物については、次に配札を予定している村までの搬送を庄屋に依頼する。それを受けて庄屋が伝馬人足を雇い、衆徒の荷物を次の村の庄屋宅まで送ってやる。この方法により、衆徒は配札に必要なたくさんの荷物を自分自身ではほとんど持つことなく、身軽に村から村へと移動できた。頒布した護符や諸品などの代金は初穂料として一年送り、すなわち、翌年再び当地に廻檀配札に訪れた際に徴収した。それで得た現金は路銀などの必要な分だけを所持し、あとは為替を使って国許に送金した。

こうした活動で大きな宣伝効果をもたらしたのが、立山曼荼羅であった。

衆徒は毎年、講元の庄屋宅に宿泊した際、近隣の村人を集め立山曼荼羅を掛けて絵解きした。曼荼羅の画面から、立山開山縁起・立山地獄・立山浄土・立山禅定登山案内・布橋大灌頂法会などの内容を順々に引き出し、また時には、特定の内容だけを、話芸を駆使し、身ぶり手ぶりもまじえて物語ったという。そして、男性には夏の立山での禅定登山を勧誘し、女性には秋の彼岸に芦峅寺で行われる布橋大灌頂法会への参加や血盆経供養を勧誘した。その際、自分の宿坊での宿泊を勧め、道案内などの便宜をはかることを約束した。立山の山容や立山信仰の内容をよく知らない人々に、それを立山曼荼羅の具体的な図柄で視覚的に紹介したので、人々の間では難解な教理に基づく説教よりも、こうした絵解きによる娯楽性豊かな布教のほうが好まれ、かなりの人気を得ていたようである。

一方、このような芦峅寺衆徒の活動に対し、岩峅寺の宿坊家の衆徒は、江戸時代後期、出開帳

（宝物を公開して利益を得る宗教活動）による布教活動を頻繁に行うようになった。岩峅寺の出開帳は、立山山中諸堂舎の修復費用などの捻出を名目に、加賀藩寺社奉行の許可を得て藩内各地の寺院を宿寺とし、あらかじめ取り決められた開催期間と収益分配に基づいて行われた。このほか、一部の岩峅寺衆徒が、加賀藩の許可を得て、あるいは無許可で、他藩に檀那場を形成し、出開帳を機縁に廻檀配札活動を行った。これらの布教活動にも立山曼荼羅が宝物として公開されたり、芦峅寺と同様、檀那場での廻檀配札活動で信徒に対して絵解き布教が行われた。

二　江戸幕府の宗教統制と加賀藩の立山支配

近世初頭、加賀藩前田氏は、立山衆徒（芦峅寺と岩峅寺の衆徒）を、のちに江戸幕府が本山末寺制度に基づいて仏教界全体を支配下に置く以前に、自藩の寺社奉行の支配下に抱え置いてしまった。このことは、立山で修験道が廃れ、代わりに立山曼荼羅の文化が花開く大きな要因となった。

立山衆徒は中世から近世初頭にかけ、軍事的要素も備えた宗教者集団として、越中守護職の桃井直常や越中守護代の神保長誠、あるいは越中国主の佐々成政などの武将たちと結びついていた。あの有名な佐々成政の「ざら越え」（羽柴秀吉と戦った成政は圧倒的に不利な戦況の打開策として、天正十二年〔一五八四〕十一月、浜松の徳川家康・織田信雄に直接面会し、再起を促すため、厳寒期の北アルプス越え「ざら越え」を敢行した）にも関与している。

その後、佐々成政が没落し、新たに加賀・能登・越中を支配した加賀藩初代藩主前田利家は、それまで成政に味方し反抗勢力だった立山衆徒に対し、壊滅させるのではなく懐柔政策をとった。ただしその際、立山衆徒がもつ軍事的要素、すなわち武器を持ち蜂起するような危うい要素の取り除きをはかったものと推測される。天正十五年（一五八七）、新川郡が加賀藩前田家の所領になると、翌年（一五八八）、利家は立山衆徒に対し速やかに対応し、それぞれに百俵の土地を寄進して安心させ、藩の寺社奉行の支配下に治めてしまった。

加賀藩のこうした素早い対応は、近世初頭、江戸幕府が大大名の前田氏に脅威を感じ、隙あらば取りつぶしにしようと、たびたび圧力をかけていたこと、そして幕府が加賀藩に干渉し、難癖をつけそうな要素として、立山・黒部奥山にかかわる軍事・国境問題があったこと、立山衆徒がそれに役立つこと、などによるものである。

加賀藩がこのように立山衆徒を統制したのに対し、一方、江戸幕府の修験道統制はどうだったか。幕府はのちの慶長十八年（一六一三）に修験道法度を定め、聖護院門跡を本山とする天台宗系修験道本山派と、醍醐寺三宝院門跡を本山とする真言宗系修験道当山派を支配下に置いた。次いで各地の修験をそのいずれかに分属させ、競わせることで力を削ぎながら支配した。また、吉野山・羽黒山・英彦《ひこ》山などの修験集団は、日光輪王寺門跡直属の天台修験として存続させた。

加賀藩は立山・黒部奥山の軍事的重要性を認識していたと思われ、こうした幕府の修験道統制よりも先に、先述の通り立山衆徒を自藩の支配下に治め、各宗派の本山との関係を一切もたせず、江戸幕府の息がかからないようにした。だから、立山衆徒は天台宗だが、比叡山とは関係のない「無本山天台宗」を称して活動していくのである。こうして立山衆徒は、他の霊山の修験集団のように修験道寺院を本山としなかったので、山中修行を主体としない独自路線の宗教活動を展開していくことになった。

また、加賀藩は立山衆徒に対し、軍事に結びつくような修験道の野性的な部分を抑え込み、その代わりに、自藩の国家安泰や、藩主とその家族の無事息災を祈禱する山麓の祈願寺院としての役割を担わせた。そのため、立山衆徒の宗教活動の舞台は立山山中から山麓の自村に移り、山中を道場とする峰入りや柴灯護摩などの修行は次第に廃れ、むしろ山麓の芦峅寺や岩峅寺の境内地での年中行事が極端に増加していった。とくに芦峅寺衆徒の間では、諸国の檀那場での廻檀配札など、勧進布教活動が次第に盛んとなった。こうした状況を背景に、立山曼荼羅の絵解き布教の文化が花開いたのである。

三　加賀藩の立山衆徒に対する支配と立山曼荼羅

立山曼荼羅といってもさまざまな作品があるが、それらは三つに大別される。立山に最も近い芦峅寺の衆徒が布教した内容を描いた芦峅寺系作品（**口絵1〜5**）、里である岩峅寺の衆徒が布教した内容を描いた岩峅寺系作品（**口絵6**）、その他のさまざまな作品の三系統である。

口絵2の『大仙坊A本』は芦峅寺系作品だが、立山の山岳景観を背景に、立山開山縁起や立山地獄・浄土、禅定登山案内などの内容が所狭しと描かれている。また、芦峅寺の布橋大灌頂の法会や立山大権現祭の祭礼、三途の川の奪衣婆なども描かれ、物語性が豊かである。

一方、**口絵6**の『立山博物館本』は岩峅寺系作品だが、画面いっぱいに立山の山岳景観が描かれ、山絵図そのものといった絵柄である。画中には一応、立山開山縁起や立山地獄・浄土、禅定登山案内などの内容が描かれているが、きわめて簡略な筆致で物語性に乏しい。

こうした説話画風の芦峅寺系作品と山絵図風の岩峅寺系作品を比較したときに見られる構図や図柄の差違は、江戸時代に芦峅・岩峅両寺の衆徒が行った宗教活動の違いを反映している。その活動の違いは、加賀藩の両峅寺に対する実に巧妙な支配によって生じた。

江戸時代、加賀藩は両峅寺衆徒に対し、立山に関するいくつかの宗教的権利を分与し、経済面で互いに競わせ、両者が協力して一大勢力にならないように力を削いだ。

ここで言う宗教的権利には、大きく二種の権利がある。まず、山の管理権であり「立山本寺別当」（立山の宗務を代表として取り締まる長官）の職号の使用権や立山山中の宗教施設の管理権（立山峰本社や室堂など）、入山者から山役銭（入山税）を徴収する権利、禅定登山者や参詣者が持参してきた納経帳に記帳するための納経受付所の設置権などがあった。もうひとつは各地での布教権で、加賀藩領国内外で廻檀配札活動を行う権利や、同藩領国内で出開帳を行う権利などがあった。

これらのうち、山に直接かかわる権利は、江戸時代の中期まで、両峅寺がほぼ同等にもっていた。

しかし、岩峅寺が山の管理権を独占しだして両峅寺の間で争論が起こると、加賀藩公事場奉行（最高裁判所）は正徳元年（一七一一）に裁定を下し、以後、立山の山腹にある芦峅寺と里にある岩峅寺の立地条件を全く考慮せず、立山に最も近く山を知り尽くした芦峅寺には山の管理権を一切与えず、むしろ山から閉め出すように、各地での布教権、つまり加賀藩領国内外での廻檀配札活動を行う権利を与えた。一方、里人である岩峅寺には、前述の山の管理権を与えた。加賀藩は岩峅寺の廻檀配札活動や出開帳については裁判ではとくに言及しておらず、同寺の宿坊家の何軒かは廻檀配札活動も行っていたが、芦峅寺ほど積極的ではなかった。

このように、加賀藩は互いに不都合が生じるように権利を分与したので、その後、当然ながら両峅寺の間で、互いの権利侵犯を巡る争論が繰り返された。そして、文化・文政期には全国的に寺社や霊山への参詣が隆盛となり、立山でも参詣者が増え利権が大きくなったためか、争論はますます激化した。ただし、こうした一連の争論に対しては、加賀藩が両峅寺を自藩の寺社奉行のもとに独自に支配していたので、藩みずからが裁判官となって、天保四年（一八三三）に正徳元年の裁定の通り最終的な裁定を下し、自藩に都合のよい形で服従させてしまった。

このような加賀藩の巧妙な政策で、芦峅寺衆徒は立山に直接かかわる権利を失い、加賀藩領国内外での廻檀配札活動を経済的な基盤とせざるをえなかった。領国外の檀那場の人々は、当然領国内の人々に比べて、立山や立山信仰に対する知識や理解が乏しく、そうした人々に効果的に立山信仰を布教するために、芦峅寺では人目を引く説話画風の立山曼荼羅（口絵2〜5）が制作された。一方、岩峅寺衆徒は領国内を布教地とし、禅定登山案内など立山に直接かかわる活動を重視したので、山絵図風の立山曼荼羅（口絵6）が制作されたのである。

第二章　立山開山縁起

一　立山曼荼羅の主題「立山開山縁起」

プロローグの一節で、立山は、自然のなかで地獄と浄土といった仏教世界が一緒に体験できる、世にも稀な人間救済空間であると述べた。そのような立山を、仏の阿弥陀如来のお告げによって開山（仏教修行ができるように、登山道を整備したり堂舎を建てたりする）した人物が「佐伯有頼」である。地元富山では平成十三年、立山開山千三百年を記念し、立山連峰を一望できる富山市の呉羽山展望台にその少年像が建てられたりもして一時話題になった。この佐伯有頼の立山開山にまつわる物語を記したものが、「立山開山縁起」である。

同縁起には、『類聚既験抄』（鎌倉時代編纂）や『伊呂波字類抄』十巻本の「立山大菩薩顕給本縁起」（鎌倉時代増補）、『神道集』巻四の「越中立山権現事」（南北朝時代編纂）、『和漢三才図会』（江戸時代正徳期の編纂）など、いくつもの種類が見られる。また、このほかにも、立山信仰の拠点集落であった立山山麓の芦峅寺と岩峅寺に、宿坊衆徒や社人により江戸時代中期から末期にかけて制作された「立山大縁起」や「立山小縁起」、「立山略縁起」などが数点見られる。

そこで、これらのなかから、ここでは江戸時代中期の百科事典『和漢三才図会』に掲載された内容に基づき、そのあらすじを見ていきたい。

文武天皇の大宝元年（七〇一）、天皇は夢の中で阿弥陀如来から、「四条大納言の佐伯有若を越中国司に任じれば国家は安穏である」と告げられた。そこで、天皇は夢から覚めると、すぐに有若を越中国司に任じた。命を受けた有若と嫡男の有頼は、越中国の保伏山（現在の魚津市布施のあたり）に移住した。

ある日、東南の方向から白鷹が飛来して有若の拳に止まった。有若は喜んでその白鷹を育てていく。ある日、有頼は父（有若）に頼んで白鷹を借り、鷹狩りをした。しかし、そのうち白鷹は突然どこかに飛び去ってしまう。有頼はあちらこちらを探すが見つからない。その時、森尻の権現が現れて「おまえは東南の方向を訪ねるがよい」と告げた。お告げに従い山中深く入ったが、日が暮れたので岩の間に野宿した。

翌朝、岩峅の林で一人の老人に会った。老人は「おまえが探す白鷹は今、横江の林にいる」と告げた。有頼があなたは誰かと問うと、「私は当山の刀尾天神だ」と答えて去った。有頼はお礼を述べて、さらに山中深くへと入って行った。すると突然、獰猛な熊が駈けてきて有頼に襲いかかった。有頼はとっさに熊に向かって矢を射ると、矢は熊の胸に命中した。しかし、熊は絶命せず玉殿窟（立山山中室堂に実在する洞穴）に入った。追跡して洞穴に入ると、そこには阿弥陀如来と観音菩薩、勢至菩薩の三尊の仏像が安置されていた。それらを拝んでよく見ると、阿弥陀如来の胸には自分が射た矢が刺さっていた。

有頼は驚くと同時に怪しんだ。すると阿弥陀如来は有頼に、「私は乱れた世の人々を救うために地獄や浄土などの世界をこの山に表して、おまえを待っていた。だからその方法として有若を越中国司にした。白鷹は劔山刀尾天神である。熊は私である。おまえは早く僧侶になり、立山を開くがよい」と告げた。有頼はこの霊異に深く感動し涙を流した。

のちに有頼は説法ヶ原の五智寺に住む僧侶慈朝を訪ね、指導を受けてみずからも僧侶となり、慈興と名乗った。そして、立山大権現の大宮などの社を建てた。また立山に入山し、小山大明神のお告げによって浄土山に登り、阿弥陀三尊と二十五菩薩を拝んだ。

この物語のうち、たとえば本書で基本テキストとする立山曼荼羅『大仙坊A本』などに具体的に描かれている図柄は、画面に向かって下段左端の布施城である（**大仙坊A本1**、以下、冒頭モノクロ図解『大仙坊A本』を参照）。そのすぐそばに、白鷹を逃がしてしまった有頼と家来の図柄が描かれている。また岩峅寺を過ぎたあたりの岩の上に、逃げた白鷹が描かれている（**大仙坊A本2**）。さらに画面下段中央には、熊に矢を射た有頼が、手負いになった熊（ツキノワグマ）を追跡する場面が描かれている（**大仙坊A本3**）。この曼荼羅では有頼は武士として描かれ、陣笠に鎧を着けた姿で表現されている。

ところで、前述の「立山開山縁起」の内容は、百科事典『和漢三才図会』に掲載されたものなので、うまく要約されている。しかしかえってそれが災いし、脚色が少なく淡泊である。
では、これが人々を楽しませた「絵解き」を意識するとどうなるのか。岩峅寺の立山曼荼羅に対しては、絵解き台本『立山手引草』（岩峅寺延命院所蔵）が現存するものの、本書で基本テキストとする芦峅寺の立山曼荼羅に対しては、そういった資料が見当たらない。ただし、芦峅寺には、衆徒が絵解きした際、必要最低限の台本として活用されていたと思われる「立山略縁起」があり、とりわけ宿坊家相真坊に伝わる略縁起の内容は、芦峅寺の立山曼荼羅の図柄とみごとに合致する。
そこで、参考までにこの縁起から、阿弥陀如来が現れるクライマックスの場面を見ておこう。

有頼公驚き、窟の内を窺へたまへば、麓において熊に射たまひし箭は金色生身の弥陀仏の胸に逆立ち、血汐染々と流るあり。鷹は則ち大聖世尊不動明王と現れたまふ。天より諸仏菩薩囲繞し、摩訶曼陀羅の花は降り散らせば、極楽浄土に異ならず。これはと驚き、吾こそは凡眼愚絵の雲厚く、誠に鳥獣と思ひ、仏身を穢し、これぞ五逆重罪の大悪人と弓箭□投捨て、腰刀抜きて鬢髪を切り、綾羅錦の衣裳を捨て、ただ一心に低頭涕泣したまふに、この時紫雲に乗りたまひ、諸仏菩薩は残らず還帰本土したまへる。

どうだろう、この文体には、何となく絵解きを意識した講談的な口調が感じられはしないだろうか。実際にこの縁起を意識しながら芦峅寺系立山曼荼羅の玉殿窟の場面（大仙坊A本4）に目を転じると、縁起の通り、窟のなかに金色の阿弥陀如来が生身の姿で描かれ、その胸には矢が刺さり血が流れている。隣には、不動明王も描かれている。仏を前に佐伯有頼は合掌して平伏する。よく見ると鎧・兜は脱がれ、頭の髻が切り落とされている。

二　物語性豊かな芦峅寺相真坊の「立山略縁起」

前節で、芦峅寺衆徒が立山曼荼羅を絵解きした際、手頃な長さで、どことなく講談調の「立山略縁起」が台本になり得たのではないかと述べたが、次の相真坊の略縁起（筆者が内容を整理したもの）は、それを実によく示している。この縁起は短いながらも、物語性が豊かである。

佐伯有若、越中に赴任する

近江国志賀の都で暮らしていた佐伯有若は、大宝元年（七〇一）二月、文武天皇の命を受け、越中守として越中国に赴任し、新川郡字布施の院に居城を構えた。

子宝に恵まれない有若夫妻

越中国での有若は人徳をもって国を治めた。しかし、四十歳になっても家督を相続する子どもができなかった。そこで、有若とその妻は、城内に祀る屋敷神に、子宝が授かるようにとお祈りした。

神様の顕現

夫妻は三十七日の日数をあらかじめ定めて、毎日、神様にお祈りを捧げていたが、その最終日、眠っていると不思議なことに宮殿の扉が開き、髪を垂れた八十歳ぐらいの老人が、右手に金鈴を持ち、左手に白羽の鷹を止まらせて現れた。老人は「三世大千世界を訪ねても、おまえが授かる子どもはいないだろう。だが、おまえの願望は見捨て難い。だから男の子を一人授けてあげよう。ただし、その子が生まれたならば、この白鷹も一緒に育て、信心しなさい」と告げて、消えて行った。

有若夫妻に男子誕生

夫婦が夢から覚めると、妻は臨月になっていて、じきに男の子が生まれた。この子に対する夫婦の寵愛は深く、有頼と名づけた。

有頼の成長

やがてあっという間に時が過ぎ、有頼は十六歳になった。しかし、神様の予言した白羽の鷹はいまだに手に入らない。日本六十余州で鷹狩りをしても、白羽の鷹に出会うことはなく、残念に思いながら過ごしていた。

有若、白鷹を手に入れる

翌年（大宝二年）六月、有若が炎暑を避けるため院に入って休息していると、天に白羽の鷹が飛んでいるのを見つけた。金の扇を上げて呼び寄せると、白鷹は舞い降りてきて有若の右手に止まった。有若は白鷹を捕まえると、すぐに鷹部屋という名前の宮殿閣を造立し、そこで白鷹を大事に育てた。

有頼、鷹狩りに出る

九月十三日、国中で検田を行った際、有頼は父が寵愛する白鷹をかかえ、天神山の下尾崎野に出て、ひそかに鷹狩りをした。しかし九月十九日の日中、白鷹は南天に逃げて行き、遥か向こうの山に姿を隠した。

激怒する有若

この事件が家来から城内に伝えられると、それを聞いた父有若は激怒した。そして言うには、「私の寵愛する白鷹を持ち帰らなければ顔を合わすことは許さない」と。このことを、有頼に早急に家来をよこして伝えた。

有頼、家来と別れる

有頼にお伴した家来たちはこの話を聞き、誰一人言葉を発する者もなく、みな押し黙った。やがて忠臣のト部吉胤が静かに口を開いた。「大殿様（有若）が、たかだか白鷹一羽のために殿様（有頼）を勘当なされるとは、何かわけがあるに違いありません。万一、殿様に災いが起きてはいけませんから、自分たちはどこまでも殿様について行き、一緒に白鷹を探したいのですが、だからといって、大殿様のご命令にも背けません。ですから、殿様より一足先に城に戻って、事の成り行きをうかがうことにさせてください」。

有頼と家来たちは相談の末、卜部の意見に従うことにした。家来たちは皆、悲嘆の涙に袖をしぼって帰って行った。

一人で白鷹を探す有頼

あとに有頼が一人残された。天より堕とされた心地がして胸が痛み、手をこまぬきながら思案した。しかし、気を取り直し、父有若のことは吉胤に任せておけば心配ないと思い、自分は早く白鷹を探し出そうと、東方の山を目当てにして山中に分け入った。しかし、有頼は官人なので、慣れない山歩きは困難をきわめた。足が疲れて歩くこともつらくなってきた。すでに太陽も山に隠れ、代わって月が東の山の頂に現れた。しばらくあたりを見ていると、崖の上に古木が生えており、その陰に洞穴（獅子ヶ鼻か）があったので、そこで野宿した。

有頼、白鷹を見つける

夜が明け、再び原野（弥陀ヶ原か）に出て、あてもなく白鷹を探していると、遥か向こうの山頂に古い松の木があり、そこに白鷹が翼を垂れて止まっているのを見つけた。「ああ嬉しい、やっと父の怒りもおさまるだろう」と思い、鈴を鳴らして白鷹を呼び寄せた。すると鷹は舞い降り、有頼のもとに戻ってきた。

有頼、熊に襲われ白鷹が逃げる

しかし、まさにその時、突然獰猛な大熊が現れ吠えたので、白鷹は驚いて再び飛び去った。さらに有頼に襲いかかってきたので、有頼はとっさに熊に向かって矢を射ると、矢は熊の胸（月の輪）に命中した。しかし、熊は絶命せず、矢が刺さったままで血を流しながら東南のほうへ逃げて行った。白鷹もその熊とともに飛んで行く。有頼は怒りながら熊と白鷹を追跡した。そうこうするうち、その日も暮れ、木の根っこの所で岩の角を枕にして野宿した。

神様の顕現とお告げ

その夜、有頼の夢の中に不思議なるかな、八十歳ぐらいの老人が現れ、「おまえの探す熊と白鷹は、ここより東南の高峰に登って行った。熊の血の跡を追って行くがよい」と告げ、消え去った。夢が覚めると、有頼は喜んで立山の高峰を登って行った。

阿弥陀如来と不動明王の顕現

山中に洞窟があり、その中へ熊と白鷹は入って行った。有頼はようやく白鷹を取り戻すことができると思い、喜んで洞窟に向かって行った。その時、不思議なるかな、洞窟の内外が光り輝いた。有頼が驚いて窟の中をうかがうと、そこに金色で生身の阿弥陀如来が現れた。そして阿弥陀の胸には有頼が山麓で熊に射た矢が刺さり、血が流れている。阿弥陀とともに不動明王も現れたが、それは白鷹だった。さらに、天空より諸仏・諸菩薩が来迎し、花が降ってきて、その光景は極楽浄土の世界に他ならなかった。

有頼、出家する

有頼は鳥獣と思い仏を傷つけた罪に恐れおののき、弓・矢を投げ捨て、腰刀で鬢髪を切り、狩装束も脱いでひたすら頭を垂れていた。そのうち、紫色の雲に乗って、諸仏や諸菩薩は残らず極楽浄土の世界に帰って行った。

薬勢仙人の顕現

あとに残された有頼は、次第に身体の疲れを感じ動けなくなった。仏を危めた自分の罪を懺悔し自害しようと決心したとき、薬勢仙人が現れ神丹（薬）をくれた。これを飲めば元気になり、悩みも忘れるという。

慈朝仙人の顕現

さらに薬勢仙人が呪文を唱えると年老いた僧侶が現れて、「私は天竺五台山文殊菩薩の弟子の慈朝仙人である。おまえは知らないだろうが、立山は日本一の霊山である。山麓より峰まで九里八丁あって、峰には九品の浄土があり、谷には百三十六地獄がある。すべての人々にとって勧善懲悪の山である。おまえが立山を開山するならば、その功徳は果てしなく大きい」と告げた。

有頼、立山を開山する

有頼はつぎつぎ起こる霊異に感動し、一念発起してすぐに慈朝の弟子となり、修行して菩薩戒を授けられた。僧侶となった有頼は慈興と改名し、千日の間、山中の洞窟に籠もり、厳しい修行をして立山を開いた。

文武天皇の勅願所となる

さらに、近江国志賀の都に上り、宮中で自分が体験した立山開山にまつわる不思議な事跡を伝えた。それによって、都より北の涅槃門に当たる立山は、文武天皇の勅願所に指定された。七カ所に七千坊四十九カ院寺を造立し、麓の芦峅の里に七堂伽藍を建立した。そしてここに弥陀・釈迦・大日の三尊を祀った。

有頼、亡くなる

その後、和銅七年（七一四）寅の六月十三日、慈興は八十三歳で亡くなった。

三　立山開山について

明治時代、立山連峰の大日岳と劒岳から、奈良時代末期から平安時代初期の制作と推定される銅錫杖頭が相次いで発見された。それらにより、平安初期には、立山もすでに諸国の山岳霊場を巡る山間修行者たちの修行場になっていたことがうかがわれる。このほか、平安時代の仏教説話集『大日本国法華経験記』や『今昔物語集』所収の立山地獄説話に、諸国回峰の修行者が立山地獄に堕ちた亡霊と遭遇する話が見られるが、それなども立山が開山される以前に、諸国の山岳霊場の一カ所として立山を訪れる修行者たちが存在したことを示すものであろう。こうした山間修行者は不動信仰の伝播者でもあった。

不動明王は五大明王のうちの中心的な明王であり、平安貴族社会では真言寺院や天台寺院に同尊を祀り、疫病退散や国家・社会の平安を祈願して加持祈禱が行われてきた。そして当時の不動信仰は、たとえば『平家物語』に、真言僧文覚が紀伊国熊野の那智大滝で二十一日の荒行を行い、不動明王の加護によって助けられたといった記載があることや、『天台南山無動寺建立和尚伝』に比叡山の千日回峰行の開創者と伝える無動寺の相応和尚（八三一〜九一八）が、葛川の霊瀑で不動明王を感得したといった記載に表れているように、回峰行や修験道と深く結びついていた。

このような不動信仰をもった山間修行者の痕跡は、立山山麓上市町（現、富山県上市町）に所在する大岩山日石寺の不動明王磨崖仏にも見られる。同尊は脇侍の矜羯羅童子・制吒迦童子とともに平安時代初期の成立と推測されている。なお、同岩に刻まれている阿弥陀如来坐像と僧形像は、越中に阿弥陀信仰が伝播した平安時代後期の追刻と推測されている。

一方、こうした山間修行者のなかには、立山山麓に定住して宗教活動を実践する者が出はじめ、次第に組織や堂舎を整えていった。立山山麓の芦峅寺閻魔堂には、平安時代の成立と推測される木造不動明王頭部が一体残っている。同尊頭部は一木造りで全長は六〇センチもあるが、差し頸形式になっているので、もとはそれに見合う巨大な胴体部も存在したはずである。この尊像の存在により、遅くとも平安時代末期頃までには、芦峅寺か、あるいはその界隈に不動信仰が伝播していたことや、こうした尊像の安置および維持管理を可能とする宗教施設・組織が存在していたことが推測される。

鎌倉時代に増補された『伊呂波字類抄』十巻本所収「立山大菩薩」の条には、立山開山者の慈興が、立山山麓で先行的に宗教活動を行っていた薬勢の弟子となり、その後、師弟協力して山麓に「芦峅寺根本中宮」を含む立山信仰の拠点寺院を建立したという記載が見られる。すなわち、常願寺川の南の本宮・光明山・報恩寺（現、富山県大山町）は薬勢が、常願寺川の北の芦峅寺根本中宮・安楽寺・高禅寺・禅光寺（現、富山県立山町）などは慈興が開いたというものであるが、この頃には、立山はもうとっくの昔に開山されてしまっているとみてよい。とくに芦峅寺について言えば、芦峅寺雄山神社の開山堂には鎌倉時代初期の作品と推測される木造立山開山慈興上人坐像（図1）が安置されているが、それが成立した時期までには、前述の通り芦峅寺の本尊を祀る中核的な堂舎は当然のこと、他の堂塔伽藍もある程度整えられ、芦峅寺は宗教村落として、組織的にも施設的にも確立していたことがうかがわれる。

では、現実に立山はいつ頃開山されたのか。『師資相承』という史料には、天台座主（天台宗比叡山延暦寺の管主）であった学僧康済の功績として、「越中立山建立」と記されている。座主まで務めた人物の生涯最大の功績としてそれだけを記すのだから、それはよほど意味のあることだったに違いない。しかし残念ながらこの史料からは、立山建立の具体的な内容が全くつかめない。康済は昌泰二年（八九九）に七十二歳で亡くなっているので、彼の活躍時期から考えると、九世紀後半には、立山のどこかに天台宗寺門派の教団勢力の拠点地ができていたと思われる。そしてそのことは、前述の芦峅寺の木造不動明王頭部の一件から少し時

図1　木造立山開山慈興上人坐像
（芦峅寺雄山神社蔵／国指定重要文化財）

間をおいてのこととしてとらえるとうまく符合し、こうした中央の教団勢力の立山への進出や現地における拠点地の成立を〝立山開山〟の一つの意味としてみることも可能であろう。

四　無名の狩人から佐伯有頼の立山開山へ

日本各地の霊山の開山伝説をみていくと、狩人が登場する場合が多い。霊山で狩人が山の神や仏と遭遇し、その山を仏教の山として開く、あるいは、あとから入ってきた高僧に開山を譲り、その高僧が最終的な開山者になるといった内容である。高野山や伯耆大山、英彦山、日光山などがそうした山である。参考として、伯耆（鳥取県）大山の事例をみておきたい。

出雲国玉造（島根県八束郡玉湯町玉造）の狩人依道が、美保の浦を通りかかったとき、海底から金色の狼が現れた。狼は依道を誘うように逃げ、大山山中の洞に逃げ込んだ。依道が狼を射止めようと弓を構えると、矢先に地蔵菩薩が現れた。驚き恐れる依道の前で狼が老尼に変わり、「私は登攬尼という山の神だが、おまえに一緒に地蔵菩薩を祀ってもらうために、狼に姿を変えてここまで導いたのだ」と告げた。これを聞いた依道は発心して出家し、金蓮と名乗った（大山寺洞明院所蔵『大山寺縁起』より）。どうだろう、前節で紹介した「立山開山縁起」に何とよく似ていることか。

ところで、鎌倉時代の『類聚既験抄』所収の「立山開山縁起」には、「立山に狩人がいて熊を射殺したが、その熊は金色の阿弥陀如来であった。よってこの山を立山権現という」と、いたって簡潔に記されている。このように、『類聚既験抄』の縁起では立山の開山者を前述の大山の場合と同様に狩人とするが、おそらく、他の霊山の事例と比較して考えても、この縁起は一連の「立山開山縁起」のなかで原型的なものと言えよう。

したがってこの縁起には、江戸時代に成立した一連の開山縁起よりも、かえって「立山開山縁起」が本来的にもつ意味が明確に表れている。すなわち、熊は日本のみならず世界各地で霊威をもった神聖な動物とみなされているが、この縁起においても、熊は立山の山の神か、あるいはその使いを象徴している。一方、阿弥陀如来は外来宗教である仏教の仏である。この縁起では、もともと立山を支配していた山の神に対する信仰と、立山にあとから入ってきた仏教の阿弥陀如来に対する信仰とが習合し、阿弥陀如来を本地、立山権現を垂迹とする、いわゆる本地垂迹思想に基づいて、立山が仏教的な世界に展開したことが示唆されているのである。

それでは、佐伯有若や有頼が登場する、いわゆる脚色された内容の開山伝説はどのようにしてできたのだろうか。鎌倉時代に増補された『伊呂波字類抄』十巻本の「立山開山縁起」にはじめて、「越中守佐伯有若宿禰」が開山者として登場する。この「佐伯有若」については、昭和初年、富山の歴史学者木倉豊信氏が京都・随心院文書のなかの「佐伯院付属状」（延喜五年〔九〇五〕）に、「越中守従五位下佐伯宿禰有若」の署名を発見し、その十世紀初頭の実在を証明した。

ただし、この有若その人が実際に立山を開山したかどうかは、この史料からは断定できない。むしろ、前述の『類聚既験抄』のような簡潔な縁起が「立山開山縁起」の原型で、それが次第に脚色されていく過程で、実在の佐伯有若が縁起に取り込まれたと考えたほうが素直であろう。その後、江戸時代に成立した多くの「立山開山縁起」では、物語に佐伯有若と有頼の親子関係が組み込まれ、立山の開山者も有頼に移行する。

仏教民俗学者の五来重氏によると、「有頼」の「アリ」や「ヨリ」の語は神霊の憑依にかかわる語であり、狩人が山の神と交信するところから、開山者としての有頼の名前が生まれたものと推測されている。これはなかなか意味深い指摘である。なぜなら、「立山開山縁起」では、主人公の佐伯「有頼」が阿弥陀如来の宣託を受け、立山の開山を成就したことが物語の主要部になっているが、そこに物語を進めていくうえで、主人公の「鷹狩り」や、ある意味で「熊狩り」とも言える物語の副次的な部分は、物語の主要部で、本地垂迹思想に基づき、立山の古来の支配神と外来の仏教の阿弥陀如来との習合を導き出すために、きわめて重要な役割を果たしているからである。

このように、江戸時代の「立山開山縁起」で主人公に付加された狩猟のイメージは（**吉祥坊本1**、以下、冒頭モノクロ図解『吉祥坊本』を参照）、それが物語のなかで貴族の遊戯の狩猟に転化されていても、本質的には芦峅寺など、立山山麓の山民たちの狩猟や焼畑を中心とした生業を強く反映していると言える。すなわち、立山山麓に土着の山民たちが、外から入ってきた宗教者や彼らがもたらす仏教を受け入れた際、その影響を強く受け、彼らとともに新しい宗教組織や信仰を築きながらも、一方では自分たちが古来守り伝えてきた山の神に対する信仰を忘却しないように、「立山開山縁起」に狩猟の物語を挿入することで残そうとしたのである。

さらに、このように考えると、「立山開山縁起」は、本来的には稲作を生業とした岩峅寺の宗教者たちの所産というよりは、むしろ狩猟や焼畑を生業とした芦峅寺の宗教者たちの所産と言えるのではなかろうか。

五　現在も息づく立山信仰の精神性

平成十三年四月、立山開山千三百年を記念し、健全な青少年の理想像として、立山を開山した佐伯有頼の少年像が富山市の呉羽山展望台に建立された。この事業に尽力されたのは立山信仰史の研究で知られる廣瀬誠氏だが、廣瀬氏は、富山市水橋出身の童話作家・大井令光が生前果たせなかった夢を実現させたのである。

令光の夢とは、少年少女の健全な育成を願い、度重なる苦難を乗り越えて立山開山の大事業を達成した十六歳の佐伯有頼少年を理想として、その銅像を建立することであった。令光は大正四年（一九一五）頃、有頼像の建立を発案したが、彫刻家・畑正吉に依頼し原型像を造り上げたものの、令光自身が大正十年（一九二一）に急逝したため、果たせなかった。

ところで、いくつもある立山開山縁起のうち、江戸時代に成立した縁起のほとんどは、開山者を佐伯有若の嫡男有頼とする。さらに、これらのうち有頼の年齢を十六歳とする縁起は、前節で紹介した芦峅寺相真坊所蔵の「立山略縁起」（享保元年〔一七一六〕改記）と、岩峅寺中道坊所蔵の「立山略由来記」（安政二年〔一八五五〕）である。とくに相真坊の縁起は、ほかの縁起に比べ開山を達成するまでの有頼少年の苦難がことさら強調され、成人儀礼（子どもから大人になるための儀式）的な意味合いが多分に込められている。具体的にそのポイントを指摘すると次の通りである。

長く子宝に恵まれなかった佐伯有若が阿弥陀如来の霊験で子ども（有頼）を授かる。それゆえ有若は息子有頼を溺愛するが、有頼が十六歳のとき、鷹狩りで失敗すると、一転して獅子が自分の子をあえて谷底に突き落として厳しく鍛えるように、有頼を冷たく突き放してしまう。有若は有頼に随行した家来も城に帰るように命じ、有頼一人だけで逃げた白鷹を探索させる。その後、有頼は度重なる苦難を克服し立山開山を成し遂げる。

このように十六歳で立山を開山した有頼にあやかってか、富山県内では第二次世界大戦前までは、「越中の男子は十六歳で立山に登らなければ若連中（青年団）に入れない」といった、成人儀礼としての立山登山の風習が根強く残っていた。戦後は自治体主催の成人記念登山や学校活動のなかでの登山に切り替わったが、それも危険を考慮され、次第に下火となった。

しかし近年、富山県では、県教育委員会主催「十二歳の立山夢登山」や立山町教育委員会主催「立山新発見！　わくわくどきどきニュー立山」、県護国神社の「元服立山登拝」など、青少年の健全な育成や自然との共生を考えることを目的とした立山登山がさまざまな形で実施され、再び脚光を浴びてきている。時代は移っても、立山開山縁起にみられる立山信仰の精神性は、その時代に合った形で、これからもずっと富山県民の間で引き継がれていくようである。

第三章　立山地獄

一　立山山中地獄

立山は平安時代の古くから、日本人の間で山中に地獄が実在する山として知られていた。同時代の仏教説話集『今昔物語集』には、越中立山の地獄は死者の霊魂が集まる場所として描かれ、その一節の「日本国の人、罪を造りて多く此の立山の地獄に堕つと云へり」との文言から、当時の都の貴族や僧侶、山岳修行者たちの立山地獄に対する認識がうかがわれる。

江戸時代には、立山に登ると亡き人に会える、あるいは生きているうちに地獄の苦しみを済ませておき、死後はそれを免れ、速やかに極楽浄土へ往生したいといった人々の想いから、立山禅定登山の際、山中の地獄谷巡りは頂上社殿の参拝とともに絶対に欠かせないコースとなっていた。それゆえ、立山衆徒の立山曼荼羅を用いた布教活動では、立山地獄にかかわる内容は、信者を惹きつけるための最も重要な話題であった。それに対応して立山曼荼羅の画面でも、当然その場面に大きくスペースが割かれ、閻魔王が亡者を裁く場面をはじめ、等活・黒縄・衆合・叫喚・大叫喚・焦熱・

図2　立山曼荼羅『大仙坊A本』　立山地獄の場面（個人蔵）

大焦熱・阿鼻の八大地獄、修羅道・畜生道・餓鬼道などの六道世界、女性にかかわる血の池地獄や石女地獄など、さまざまな責め苦の様子が所狭しと描き込まれた（図2）。

ところで、インドの『倶舎論』や『大毘婆沙論』などの仏教経典には、地獄の位置について、それは人間が住む世界の地下に重層的に奥深く続く形で存在すると説かれている。また『大毘婆沙論』には、地下の地獄以外に地上の谷間や山上、広野、空中などにも、場所が特定されていない孤立した地獄（孤地獄）が存在すると説かれている。

一方、もともと外来宗教であった仏教が日本で広まる以前から、日本人は天上や地下、山中、海中といった、いわば自分たちの住む世界の垂直・水平方向の延長線上の場所を他界とする観念をもっていた。そのなかでも山中を他界とする観念は、日本の国土の大部分が山地や山岳で占められるといった独特な風土・環境のためか、とりわけ強くもたれていたようである。
すなわち古代の日本人は、人が死ぬとその霊魂が肉体から分離して、村里近くの山やあるいは立山のような立派な山へ登ると考えていた。肉体から離れたばかりの霊魂は暴れる死霊なのだが、山の不思議な力で次第に死霊から祖霊に浄められ、さらに子孫の祀りを受けて、山の神になるというのである。このように古代の日本人は、山地・山岳を死霊・祖霊の漂い鎮まる他界としていたのである。

仏教の広まり、浸透に伴い、日本ではその土着の他界観と仏教の地獄観が交わり、霊魂の漂い鎮まる山中こそが、外来宗教の仏教が示す地獄のある場所だと信じられるようになった。つまり、地獄の亡者に対する裁判や責め苦などの具体的な内容は、圧倒的で壮大な体系をもつ仏教に依拠したが、その場所については、自分たちの根源的な考え方に基づいて、山中に見出したのである。

その際、越中立山は山中に火山活動の影響で荒れ果てた景観を有し、地獄を見出すには格好の場所であった。立山山中の地獄谷、ミクリガ池、血の池などは、四万年前からたびたび起こった水蒸気爆発による爆裂火口であり、なかでも地獄谷では、火山ガスを噴出するイオウの塔、熱湯の沸き返る池、至る所からの噴気が見られ、また特有の臭いも相まって、そこは不気味な谷間となっている。こうした特異で非日常的な景観が地獄の様子に見立てられ、立山地獄の信仰が生まれたものと考えられる。

二　立山曼荼羅の六道輪廻思想

立山曼荼羅の画面では、いわゆる「立山地獄」の場面として、「地獄」「餓鬼」「畜生」「阿修羅」の世界が、あたかも一つの世界であるかのように混在して描かれている。しかし、これらの世界は、仏教の本来的な「あの世」観においては、個別に存在する世界である。その構造がわかっていないと、立山曼荼羅の宗教的な意義を正しく理解することはできない。そこでこの節では、少し仏教の基本的な話をしておきたい。

仏教の「あの世」のイメージをわかりやすく絵画化したものに、「六道輪廻図」と呼ばれるチベットの絵画がある（図3）。写真のそれを見ていくと、車輪の最上部には天の世界が描かれ、最下部には地獄の世界、その左側には餓鬼の世界（飢え苦しむ）、右側には畜生の世界（動物となって苦しむ）、餓鬼の上には人間の世界、畜生の上には阿修羅の世界（天との戦いで苦しむ）がそれぞれ描かれている。このように仏教では、仏の悟りの世界とは異なる苦しみの世界として、六つの世界（六道）が存在していると考えられていた。

そして、この絵画が車輪の形で描かれる理由だが、それは、それぞれの世界の生き物たちが、その世界で死んだのち、車輪がぐるぐる回るように、再び六つの世界のどれかに生まれ変わることを意味している。

たとえば、ある人間が生前に善い行いをすると、今度は天に生まれ変わることもあるし、まああだったので再び人間にということもある。逆に悪い行いをすると地獄や餓鬼・畜生・阿修羅などに生まれ変わることもある。ただし、悲しいかな地獄に生まれ変わったとしても、その世界は刑期が決まっており、いつかは必ず釈放される。だから、獄卒の呵責に苦しみながらも、正しい心で仏の教えを信じて過ごしたならば、次回は人間や天に生まれ変わることもありうる。

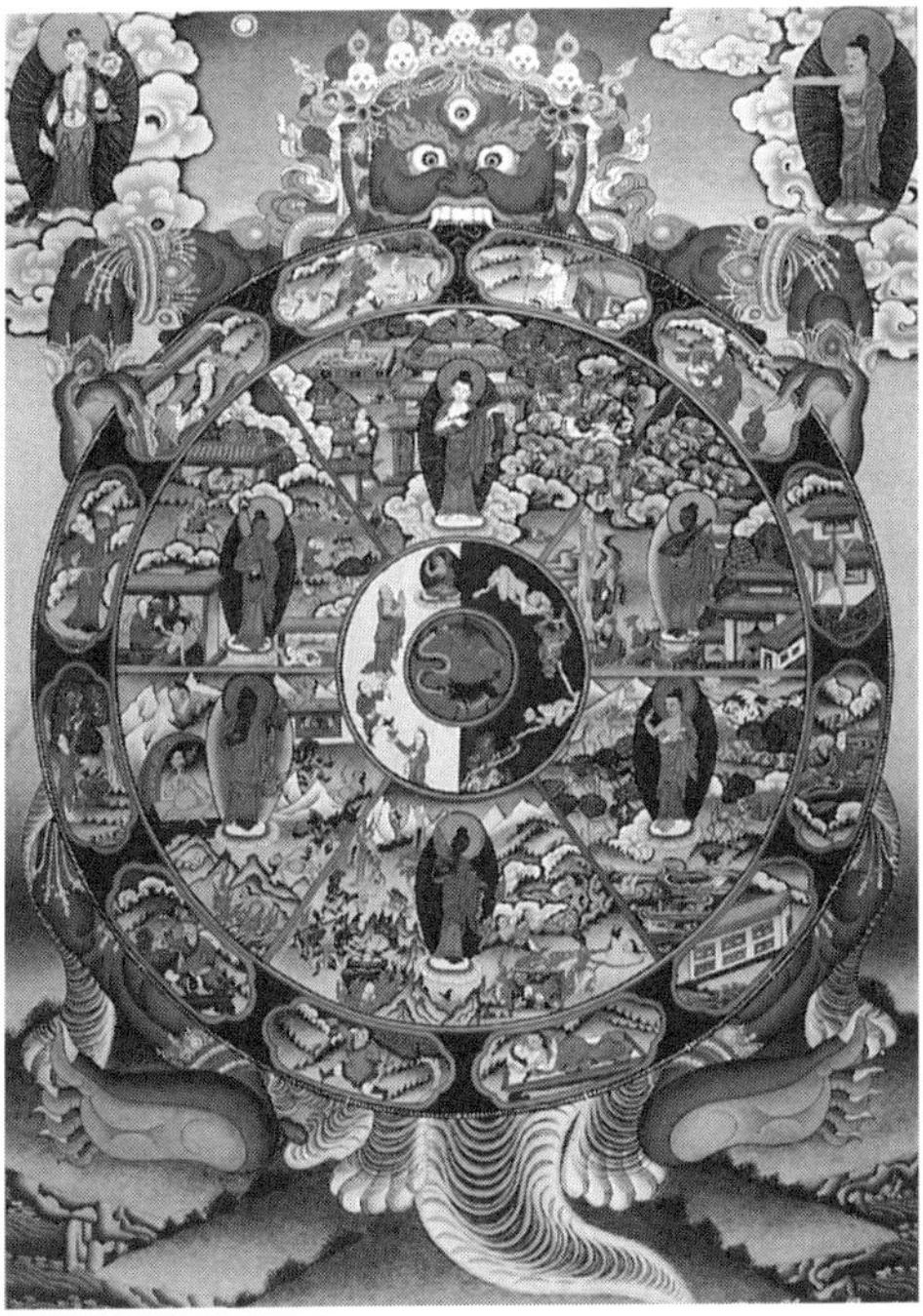

図3　六道輪廻図（富山県［立山博物館］蔵）

一方、六つのなかでは快楽的で一番よさそうな天ですらも寿命があって、いつかは必ず死ぬ。さらに毎回そこに生まれ変われる保証もなく、それはそれで、ものすごく苦しいのである。こうした死後の生まれ変わりの思想を、仏教では六道輪廻思想という。

仏教の本旨は、この輪廻の車輪から脱出して仏になることであった。では、どうやって脱出するのかというと、それはかなり難しいのだろうが、一生懸命修行をして悟りを開き、仏になるのである。そうすれば、次に生まれ変わる存在ではなくなるので、ぐるぐる六道を巡ることはない。それができない人は阿弥陀如来にすがる。「南無阿弥陀仏、南無阿弥陀仏」とひたすら阿弥陀を信じ、頼み続けることで、極楽浄土に連れて行ってもらうのである。

ところで、極楽世界とはどんなところか。概略すると次の通りである。豊富な衣食、装飾豊かな超高級住宅、七宝（金・銀・瑠璃・瑪瑙など）の池があって、その中に蓮華が咲き、綺麗な光を放つ。そして、あたり一面によい香りが漂い、池の周りの樹木は宝石でできている。天には音楽が満ち、朝・昼・夜の三回、曼陀羅華の花が降ってくる。いろんな鳥が美しい声でさえずっている。

しかし、仮に阿弥陀如来がわれわれをそのような極楽世界に連れて行ってくれたとしても、それでわれわれが即座に仏になるのではない。そこでわれわれは阿弥陀如来の説法を聴き、仏道修行を完成させ、悟りを開くことによって、ようやくみずからが仏になれるのである。

三　立山曼荼羅の十王信仰

立山曼荼羅の地獄の場面で、その世界の王様として君臨しているのが閻魔王である。立山曼荼羅の絵を見ると、閻魔王の庁舎では今まさに裁判が行われている。これからその様子を見ていこう（大仙坊A本5）。

まず閻魔王が司録・司命（冥界の役人、筆や巻物を持つ）らと、亡者が生前犯した罪を裁いている。王様の帳簿には事前に調べられた亡者の罪状が記されており、王様はそれを事細かに検討している。その前では、首枷をされた男女の亡者が王様の裁きを待っている。亡者のなかには嘘をついて自分の罪をごまかそうとする者もいるので、それに対しては浄頗梨鏡という特殊な鏡を使う。王様の前に立てられた大きな鏡がそれである。亡者の一人が獄卒に引き立てられ、鏡の映像を見せられている。この鏡には亡者が生前犯した罪がすべて映し出される。だから亡者があれこれ言い逃れようとしても、王様には一目瞭然であり、観念せざるをえない。立山曼荼羅諸作品の浄頗梨鏡に映し出された罪業を見ていくと、放火・殺人・盗み・僧侶虐待・幼児虐待などがある。

次に浄頗梨鏡の横では、亡者が業秤で生前の罪の重さを計られている。分銅の岩石より亡者のほうが重いので、相当罪が深いのだろう。浄頗梨鏡と業秤の間に、男性（太山府君幢）と女性（暗黒天女幢）の頭部をもつ檀荼幢（人頭ともいう）が立てられている。この男女は一瞬の間に多くの人の善悪を見て、閻魔王に報告する役目である。以上のように、亡者は閻魔王に裁かれ、その裁定に従って、天・人・阿修羅・畜生・餓鬼・地獄の六つの世界（六道世界）のどこかに生まれるか、あるいは成仏することになる。

あの世で亡者が生前に犯した罪を裁く王様としては閻魔王が最も有名だが、実はそうした裁判官の王様は閻魔王を含め十人いる。閻魔王は有名人だが、最終審の裁判官ではなく第五審の裁判官である。こうした十人の王様が亡者を順次裁くといった信仰を、十王信仰という。古代中国に起こった信仰で、日本には平安時代に中国から伝えられ、鎌倉時代以降、大いに広まった。

現在でも、ある人が亡くなると、その遺族は初七日や四十九日の法事などを営むが、その背景にはまさしく十王信仰が存在している。裁判官の王様たちは、遺族が亡者のためにきちんと法事を行っているかどうかを、監斎使者（仏法を守護する善神）を派遣して調査する。なぜ法事を行う必要があるかというと、それは裁判官の王様たちに亡者の情状酌量を求めるためである。その人の死によって仏教行事が行われたのならば、その死も無駄ではなく、多少はよいことに貢献したことになるのである。

最初の第一審は初七日に行われ、それを皮切りに七日ごとに第七審（四十九日）まで行われる。その後、第八審が死後百日目、第九審が一年目、第十審が三年目に行われる。

十人の裁判官の王様たちと、彼らの正体（本地仏）は次の通りである。初七日に秦広王（不動明王）、二七日に初江王（釈迦如来）、三七日に宋帝王（文殊菩薩）、四七日に五官王（普賢菩薩）、五七日（三十五日）に閻魔王（地蔵菩薩）、六七日に変成王（弥勒菩薩）、七七日（四十九日）に太山王（薬師如来）、百か日に平等王（観音菩薩）、一周忌に都市王（勢至菩薩）、三回忌に五道転輪王（阿弥陀如来）の順番で裁かれる。

王様たちの正体を仏とする考え方は、とりわけ日本で流行したものだが、怖そうな王様たちも実はその正体は仏なので、慈悲の心で亡者たちを裁いているというわけである。

四　立山曼荼羅の八熱地獄

立山曼荼羅の画面では、獄卒の亡者に対する責め苦の様子が、どちらかといえば乱雑に描き込まれている。しかし、本来の地獄世界は、その位置や広さ、そこに堕ちる理由、刑期などが、かなり事細かに定められた世界である。

こうした地獄と極楽について記した書物のうち、日本で一番の名著かつベストセラーといえば、天台宗の僧侶源信が寛和元年（九八五）に記した『往生要集』であろう。同書で源信は、インドの仏典に描かれた地獄や極楽を要約・整理し、極楽浄土の荘厳と地獄の恐ろしさを述べ、さらに極楽往生の方法について細かく説明している。同書の普及は、当時の日本の貴族社会を中心に、人々に地獄のイメージを体系的かつ具体的に定着させ、ひいては後世の日本人の思想形成や芸術活動などにも大きな影響を与えることとなった。

立山曼荼羅の地獄に関する図柄も日本のほとんどの地獄絵画と同様、この『往生要集』の影響を強く受けている。そこで同書を参考にしながら、立山曼荼羅の地獄に関する図柄を解いていきたい。『往生要集』によれば、地獄の世界は八熱地獄と八寒地獄から構成されている。立山曼荼羅では前者の地獄が圧倒的に多い。前者には、罪の軽い地獄から順に等活地獄・黒縄地獄・衆合地獄・叫喚地獄・大叫喚地獄・焦熱地獄・大焦熱地獄・阿鼻地獄がある。後者には頞部陀《あぶだ》地獄などがあるが、どれも名称がややこしいので以下は省略したい。さらに八熱地獄はそれぞれが十六の別処（副地獄）を備えており、合計すると百三十六の膨大な数の地獄の種類があることになる。インドの仏教経典では、その場所は人間が住む世界の地下深くにあるとされていたが、前節で説明した通り、立山の場合は山中に地獄を位置づけている。

等活地獄

さて、地獄世界のなかで最も浅いところにあり、比較的罪の軽い者が堕ちる等活地獄について一般的な説明をしておこう。この地獄は生前に殺生の罪を犯した者が堕ちる。ここの亡者たちは皆粗暴で喧嘩っ早く、いつも互いに傷つけ殺し合っている。獄卒たちはそれを楽しそうに煽る。

一方では、獄卒が鉄の杖や棒で亡者の身体を粉々に打ち砕く。あるいは料理人が魚肉を捌くように鋭利な刀で亡者の肉を割く（**大仙坊Ａ本6**）。亡者たちは、これらの激しい責め苦で一旦は死んでしまうが、涼風が吹くと元の身体に甦り、または獄卒が鉄叉で地面を打ち、亡者に「生き返れ」と叫ぶとやはり元の身体に甦り、何度も同じ責め苦を受け続けるのである。

立山曼荼羅に描かれた等活地獄の図柄としては、獄卒が亡者を頑丈な鉄釜で煮込む図柄（等活地獄第三小地獄瓮熟処《おうじゅくしょ》）（**大仙坊Ａ本7**）が挙げられる。亡者が煮えたぎった赤銅汁の中から苦しみのあまり首を出すと、獄卒が亡者の頭をかき混ぜ棒で叩いて沈める。亡者は苦悶のすえ息絶える。しかし死んでも獄卒に息を吹きかけられるとすぐに元の身体に甦り、再び同じ責め苦を受けるのである。

このほか、亡者が獄卒に追われて「刀葉林」と名づけられた地獄の山に追い上げられる図柄（**大仙坊A本8**）も等活地獄に属するものだが、立山曼荼羅では、剣の刃を突き立てたような鋭い岩峰の劒岳が、その特異な山容から「刀葉林」に見立てて描かれている。刀葉林では全山に剣が林のように突き立っている。木の幹、枝、葉のすべてが鋭い刃になっており、亡者は獄卒に追われて逃げ回るうちに全身が切られたり刺されたりして、傷だらけになってしまうのである。

図4　劒岳から出土した銅錫杖頭と鉄剣
（富山県［立山博物館］蔵／国指定重要文化財）

江戸時代から明治時代にかけて、劒岳は地元の人々に地獄の剣の山、あるいは針の山として畏れられ、崇められており、古来、前人未踏の山、登頂不可能な山、登ってはいけない山、無理に登ると罰が当たって遭難する山などと信じられていた。とくにその意識は立山禅定登山者を案内した立山衆徒の間で強く、劒岳を禁足地として登らない、登らせないといった風習が存在した。実際、劒岳はあまりにも急峻なため登攀が難しく、いつの頃からか、弘法大師が草鞋三千足を使っても登れなかったとの伝説が語られるようになった。

このように禁足地の劒岳だったが、明治四十年（一九〇七）七月十三日、旧陸軍参謀本部陸地測量部の測量官・柴崎芳太郎と測夫・生田信らの一行が、三角点設置のために劒岳の登頂を果たした。当初はこれが劒岳の初登頂かと思われた。だがその登頂の際、柴崎一行は山頂で銅錫杖頭と鉄剣を発見し、持ち帰っている（図4）。のちの明治四十四年（一九一一）、高橋健自が『考古学雑誌』第一巻第七号でこの銅錫杖頭を取り上げ、成立時期を奈良時代末期から平安時代初期と推定した。この遺物により、登攀がなかなか困難な劒岳も、奈良時代末期から平安時代初期の頃、すでに諸国の山岳霊場を巡って回るような山間修行者に登頂されていたことがうかがわれる。なお、この銅錫杖頭と鉄剣は、昭和三十四年（一九五九）に国の重要文化財に指定され、現在、富山県［立山博物館］に所蔵・展示されている。

黒縄地獄と衆合地獄

黒縄地獄は生前に殺生と偸盗（人の物を盗むこと）の罪を犯した者が堕ちる。等活地獄の下にあり、その空間は一辺が一万由旬（一〇万キロぐらい）の立方体である。そこでの苦しみは等活地獄の十倍だという。

この地獄では、獄卒が熱鉄の黒縄を使って亡者の身体に線を引き、それに沿って熱鉄の斧・鋸・刀で切り割く。あるいは巨大な二本の鉄柱が離れて立てられ、柱と柱の間に鉄の縄が張られている。縄の下には煮えたぎる釜が置かれている。獄卒は亡者にサーカスの綱渡りのように、縄を渡れと強要する。亡者のなかには石を背負って渡らされる者もいる。亡者が仕方なく縄を渡ると、縄は高温に熱せられており、あまりの熱さに堪えきれず手が離れ、下の釜に落ちてグツグツと煮られてしまうのである。ちなみに、立山曼荼羅の諸作品のうち、黒縄地獄の図柄が描かれている作品は、以前紹介した『最勝寺本』（**口絵1**）だけである。

衆合地獄は黒縄地獄の下にあり、その空間は黒縄地獄と同様で、ここには生前に殺生と偸盗・邪婬（夫または妻以外の異性との情事など、人の道にはずれた性行為）の罪を犯した者が堕ちる。この地獄の図柄には、とくに男女の性愛に関するものが多い。立山曼荼羅の地獄の場面から衆合地獄に関する図柄を拾い出してみると、青色の獄卒と赤色の獄卒が亡者を臼に入れ、杵で搗きつぶして粉々にしている図柄（**大仙坊A本9**）がそれに当たる。この図柄は臼が女性性器、杵が男性性器をイメージしているという。

ところで、衆合地獄でとくに有名なのは刀葉樹（**吉祥坊本2**）であり、立山曼荼羅諸本のうち『宝泉坊本』や『吉祥坊本』に描かれている。

刀葉樹とは、刃物のように鋭く切れる葉をもった木である。獄卒が男性の亡者を捕まえて刀葉樹の林に放置する。そのうち亡者は、刀葉樹の頂に綺麗に着飾った美女がいることに気づく。亡者が木に近づくと、美女は「私はあなたのためにここにいるのだから、ここに来てちょうだい」と亡者を誘惑する。亡者は嬉しくなり、すぐさま木に登って行く。すると、刃物のような木の葉がすべて下を向く。亡者は美女の魅力に取り憑かれ、刃物の葉で身体の肉や筋がずたずたに切り裂かれていくのも気にかけず、ひたすら美女を求めて木の頂へと登って行く。

ところが、やっとの思いで頂にたどりついても美女の姿が見えない。亡者が探しはじめると、いつのまにか木の下にいる。そして先ほど同様、「私、あなたを追いかけてここまで降りて来ちゃった。なのにどうしてあなたはここにいないの。私を抱こうとしないの」と強烈に誘惑する。これを聞いた亡者が急いで木から降りようとすると、今度は葉が上を向き、またもや身体が切り裂かれていくのである。

何とか地上に降りると美女は木の頂にいる。亡者はこれを見てまた木に登り出す。こうして亡者は自分の心に惑わされ、同じ行為を果てしなく長い時間、繰り返すのである。

こうした刀葉樹のほか、獄卒が亡者を石の上に置いて岩石で圧しつぶす図柄や、獄卒が亡者を山と山の間に追い込み、両方の山が迫り合わさってきて亡者を圧しつぶす図柄も、衆合地獄に属するものである。

叫喚地獄と大焦熱地獄

叫喚地獄は衆合地獄の下にあり、その空間は衆合地獄と同じ規模で（一辺が約一〇万キロの立方体）、ここには生前に殺生・偸盗・邪婬・飲酒の罪を犯した者が堕ちる。

この地獄の特徴は、お酒を飲む人にたいへん厳しい点である。すなわち、お酒愛好家で連日豪飲する人はもちろん、日頃ストレス解消などから適量を嗜むような人でさえも情け容赦なく堕とされ、厳しい責め苦を受ける。現代のわれわれにすれば、たかが飲酒ごときで厳しすぎるのではと思うだろうが、仏教世界では、殺生も当然重罪だが、飲酒もそれに負けず劣らず重罪なのである。

立山曼荼羅の地獄の場面から叫喚地獄に関する図柄を拾い出してみると、獄卒が亡者に赤銅汁を飲ませている図柄（吉祥坊本3）がそれに当たる。二人の獄卒が亡者を捕まえ、一人が亡者の口を金挟みでこじ開け、もう一人がそこへどろどろに溶けた赤銅汁を流し込んでいる。すると口から入った灼熱の赤銅汁は、亡者の内臓を焼き爛れさせながら肛門から流れ出る。

前述の衆合地獄には、副地獄のひとつにこれによく似た責め苦があり、亡者が肛門から灼熱の赤銅汁を流し込まれるというものである。口から入れるか肛門から入れるかの違いだけだが、前者は飲酒の罪を象徴し、後者は男色（男性同士で性行為をすること）の罪を象徴している。

立山曼荼羅の画中にはこのほかの叫喚地獄の図柄として、亡者が猛火の鉄の部屋に閉じこめられ炎で焼かれる図柄（大仙坊A本10）や、副地獄のひとつだが、二百肘《ちゅう》（肘は長さの単位。約四六センチ）の厚さの猛火で焼き尽くされる図柄（大仙坊A本11）などがある（叫喚地獄・雲火霧処）。この地獄には他人に酒を飲ませ、からかった者が堕ちる。

大叫喚地獄は叫喚地獄の下にあり、その空間は叫喚地獄と同じ規模で、ここには生前に殺生・偸盗・邪婬・飲酒・妄語（ウソをついたり、間違いを知りながらあたかも正しいかのように言いふらす）の罪を犯した者が堕ちる。立山曼荼羅の地獄の場面から大叫喚地獄に関する図柄を拾い出してみると、獄卒が熱く熱せられた金挟みで亡者の舌を挟んで抜き出している図柄（大仙坊A本12）がそれに当たる（大叫喚地獄・受無辺苦処）。われわれが幼少の頃、親に「ウソをつくと舌を抜かれるぞ」

と脅されてきたその図柄である。亡者の舌は抜き終わるとまた生えてくる。獄卒はそれをまた抜き、その責め苦が果てしなく続く。

焦熱地獄は大叫喚地獄の下にあり、その空間は大叫喚地獄と同じ規模で、ここには生前に殺生・偸盗・邪婬・飲酒・妄語・邪見（因果の理法を否定する誤った考え）の罪を犯した者が堕ちる。獄卒が大きな鉄の串を使って亡者の肛門から頭までを串刺しにし、何度もひっくり返して炙る。立山曼荼羅の画中では、後節で説明する目連救母説話（阿鼻地獄）の図柄と併せて描かれる場合が多い。

大焦熱地獄は焦熱地獄の下にあり、その空間は焦熱地獄と同じ規模で、ここには生前に殺生・偸盗・邪婬・飲酒・妄語・邪見・尼を犯すなどの罪を犯した者が堕ちる。立山曼荼羅の地獄の場面には、これに関する図柄は見られない。

阿鼻地獄（無間地獄）

八熱地獄の最下にある阿鼻地獄を見ていこう。阿鼻とは「無間」を意味し、すなわちこの地獄に堕ちた亡者は、一瞬たりとも休む間なく激烈な責め苦を受け続けることからその名がついているらしい。ここでの苦しみは、ほかの地獄が楽に思えるほどだという。

この地獄には謗法（仏教の「法」と「道」をそしる）、四重（殺生・偸盗・邪婬・妄語）、五逆（①父を殺す、②母を殺す、③修行修学し聖者の域に達した僧侶を殺す、④仏を傷つける、⑤寺院や教団を破壊する）の罪を犯した者が堕ちる。

その空間は一辺が八万由旬（約八〇万キロ）の立方体で、その中には七重の鉄城があり、七層の鉄網に囲まれている。下方には刀林を巡る十八の内と外を隔てる壁がある。城の四隅には銅の恐ろしい大狗がいて、すべての毛穴から猛火を出している。

亡者は中有（死の瞬間から来世における生命の誕生までの時間）で獄卒の呵責を受けたのち、地獄の恐ろしい叫び声を聞きながら二万五千由旬を巡る。さらに亡者は真っ逆さまの体勢で二千年の長い時間をかけて堕ち続け、ようやく阿鼻地獄に到達する。この亡者が落下していく様子（**大仙坊A本13**）は、立山曼荼羅の画中に描かれている。

一方、「超」極悪人には阿鼻地獄への直行便も用意されている。皆さまもよくご存じの火車（**大仙坊A本14**）がそれであり、立山曼荼羅のどの作品にも必ず描かれている。極悪人には、その人が死ぬと早速、獄卒が火車を曳いて迎えにやって来る。そして無理やり亡者を乗せると、あとは阿鼻地獄へ直行である。これを火車来迎という。

このほかの阿鼻地獄に関する図柄としては「目連救母説話」を描いたものがある。すなわち、目連（お釈迦さまの十大弟子のうちの一人）が地獄に堕ちた母を助ける物語である。この物語は『仏説目連救母経』に記され、それを典拠に描かれた地獄絵のなかでは、兵庫の極楽寺所蔵『六道絵』がとくに詳しい。そこで、これらの経典や地獄絵を参考にして、物語のあらすじをみていきたい。

目連の母は死後、阿鼻地獄に堕ちた。目連は阿鼻地獄に行き母を呼び出すと、母は獄卒の槍に刺され、黒焦げになって現れた。それがとんと突き落とされると、母は生前の人間の姿に戻る。そして目連を見ると、ここからすぐに助けてくれるよう哀願した。立山曼荼羅の画中には、この場面の図柄（大仙坊A本15）が描かれている。

目連は母のあまりにも悲惨な姿を見て嘆き悲しみ、お釈迦さまのもとへ相談に行く。お釈迦さまは、「それならば供養してあげなさい」と助言してくださった。そこで目連は供養を行い、母を阿鼻地獄から救出した。

しかし、目連の母はかなりの悪人だったようで、その後も大黒闇地獄や餓鬼道、畜生道へと性懲りもなくつぎつぎと堕ち続けた。目連はその度に母を救出したが、さすがにうんざりしてお釈迦さまに相談すると、「おまえの母の罪はあまりにも深く、おまえ一人の力では及ばないから、僧侶をたくさん集めてお盆の供養をするがよい」と助言してくださった。そこで、目連は七月十五日の夏安居の最終日に、仲間の僧侶たちを集め、ご馳走をふるまって供養した。すると母はようやく人間の世界に戻ることができた。さらにお釈迦さまの説法を聴聞し、無事昇天したという。

ところで、こうした目連救母説話は、お盆行事の典拠とされる『仏説盂蘭盆経』にも記されている。ただし、この経典では、目連が餓鬼道に堕ちた母を救う話になっており、前述の『仏説目連救母経』のように、地獄や畜生道にかかわる内容は見られない。

以上、等活地獄から阿鼻地獄まで、いわゆる八熱地獄の諸相を見てきたが、これに付属して他に十六の小地獄も設定されている。たとえば、獄卒が亡者に釘を打ち込む鉄釘地獄（大仙坊A本16）はそのうちの一カ所に含まれているが、立山曼荼羅『大仙坊A本』や『相真坊B本』にその図柄が描かれている。

五　立山曼荼羅の餓鬼道と畜生道

立山曼荼羅の画中に、腹を空かせた亡者がご飯を食べようとすると、それがすぐさま火になって食べられず、飢えて苦しみ続ける様子が描かれているものがある（大仙坊A本17）。作品によっては、喉を渇かした亡者が水を飲もうとすると、それが火になって飲めず、やはり苦しむ様子が描かれたものもある。これらの図柄は餓鬼道を示している。前節で紹介した源信の『往生要集』によると、餓鬼道は閻魔王国のなかか、あるいは人間の世界と天の世界の間にあるという。そこには生前貪欲だった者、たとえば財産や名誉・名声に執着したり美食家だったりした者が堕ちる。

立山の餓鬼道に関する説話には、名主として貪欲だったため餓鬼道に堕ちて苦しむ、山城国（京都）の道善の話がある。それは次のような内容である。

立山に参詣に訪れた僧侶が、芦峅寺の媼堂前で山城国嵯峨小渕の道善と名乗る亡霊に遭遇する。道善が語るには、自分は生前、清涼寺（釈迦堂）の近くに住んでいながら参詣することもなく、名主としてぜいたくな暮らしをしていたので、その報いを受け餓鬼道に堕ちたのだという。そして僧侶に対し、自分が餓鬼道から救われるために、ぜひ遺族の妻子を訪ね、妻子が釈迦堂へお供え物をし、さらに法華八講の法事を催してくれるように伝えに行ってほしいと懇願した。

これを聞いた僧侶は、遺族を納得させるだけの証拠を求めた。そこで道善は僧に着物の袖を形見の品として託し、消え失せて行った。のちに僧侶が嵯峨を訪れ、遺族の妻子に着物の袖を見せて一部始終を語ると、妻子は深く悲しみ、伝言通り法事を催して弔った。

その後、嵯峨小渕の住人が立山参詣を行ったとき、道善が現れて「おかげさまで餓鬼道を出ることができた」と言って喜んだという。この説話は永正十二年（一五一五）の『清涼寺縁起』に記されている。

立山曼荼羅には畜生道に関する図柄（**大仙坊A本18**）も描かれている。畜生道の生き物は動物の姿そのもので、あるいは顔が人間で身体が動物といったものもある。このほか、後述の通り、悪僧の智明坊が牛になった話を題材として、僧侶の装束を身にまとった牛頭の亡者も描かれている（**大仙坊A本19**）。

畜生道は動物の世界である。動物として農耕などの労働を強いられたり、弱肉強食の世界で自分より強いものに食べられることが苦しいのである。この世界には、愚痴で恥知らずなうえに、在家信者の真心からの施しを無駄に遣った者が堕ちるという。

悪僧の智明坊が牛になった話は、次のようなものである。

越中国森尻（現、富山県上市町）の智明坊は生まれつき驕慢で、信者からお布施を取り立てて生計を立てる悪僧であった。ある日、先達として参詣者を従え立山に登山した際、一ノ谷の岩場であやまって谷に転落してしまった。そして、そのまま牛の姿になって、吠えながら遠ざかって行った。

その後、智明坊と一緒だった参詣者たちが禅定登山の帰路、一ノ谷にさしかかり、「そういえば、ここで智明坊がいなくなったのだな」などと語りながら、皆口々に智明坊の名前を呼んだところ、牛が姿を見せ、悲しそうな表情で畜生ヶ原のほうへ去って行った。日頃の行いの悪い者が立山に登ると、生きながら畜生になってしまうのだという。この説話は、鎌倉時代に僧侶の無住が著した『妻鏡』や、江戸時代の百科事典『和漢三才図会』などに掲載されている。

六　立山曼荼羅の天道と阿修羅道

立山曼荼羅の画面には、立山の上空で優雅に漂う天人の姿が描かれている（大仙坊Ａ本20）。これは天道を表している。

仏教では、宇宙は下から上に向かって欲界・色界・無色界の三つの世界からできているとする。このなかで、まず欲界は欲望をもつ者が住む世界である。これまでにも紹介してきた地獄・餓鬼・畜生の世界をはじめ、阿修羅・人間の世界、さらには天の世界の下層域もこの欲界に属する。次に色界と無色界は天の上層域で、色界はさまざまな欲望を超越した者が住む世界である。ただし、この世界にはまだ物質的な要素が存在する。色界の上の無色界は物質を完全に超越し、精神的な要素だけで成立している。

天の世界は下層域の欲界から最上域の無色界まで、合わせて二十七の世界で段階的に成立している。参考までに欲界に属する天の下層域の構造を見ておくと、それは六つの世界でできており、四天王天（四天王と彼らの眷属が住む）・三十三天（帝釈天が住む）・夜摩天・兜率天・化楽天・他化自在天の世界がある。このように、天の世界にはさまざまな神が居住し、あるいは神そのものを天と称した。これらの諸天では、上の世界に行くほど神々の身体やその能力、寿命などが増大する。ただし、物質を超越した無色界の諸天は形にならず、あるようでない世界であり、神々もいるようでいないような世界である。

さて、立山曼荼羅で美しく優雅に描かれた天人も、天文学的な年月とはいえ寿命があって、いつか必ず死んでしまう。だから天界も本質的には六道輪廻の世界の一所にすぎず、そこでの快楽があまりにも大きいだけに、それが終わることも大きな苦痛となる。天人も決して幸せとは言えない。寿命が尽きかけてきた天人の身体には、五つの衰えが現れる。すなわち、①衣服が垢で汚れる、②頭にかぶっている花の冠がしおれる、③身体が臭くなる、④腋の下から汗が流れる、⑤よいはずの自分の環境が楽しめなくなる、の五つである。これを天人の五衰という。

ところで、阿修羅道の阿修羅も、本来は人間界の上にあった天界の神だったが、のちに人間と畜生の中間に降格されてしまった。そうなった経緯は次の通りである。

阿修羅には美しい娘がいた。彼は将来、娘を帝釈天の妃にしたいと考えていた。しかし帝釈天は豪放な性格で、ある日偶然、阿修羅の娘に出会うと一目惚れし、強引に関係をもったうえ、自分の宮殿に連れ去った。それを知った阿修羅は、帝釈天に失望すると同時に激しい怒りを覚え、帝釈天を懲らしめるため戦いを挑んだ。しかし、帝釈天は神々の帝王なので何度戦っても勝てない。それでも阿修羅は勝利に執念を燃やし、何度も挑み続けた。結局、帝釈天と阿修羅の闘争では帝釈天が勝ち、阿修羅は魔類として天の世界から追放された。そこで、生前争い事ばかりしている者が堕ちるという、修羅道の世界ができ上がった。ただし立山曼荼羅では、修羅道の場面は、帝釈天と阿修羅の物語ではなく、その物語の意義だけを取り込んで、武士が刃を交えて戦い続け、傍らで無常大鬼が太鼓を打ち鳴らしてそれを煽り立てるといった様子（大仙坊Ａ本21）で表現されている。

七　立山曼荼羅の地蔵信仰

賽の河原

立山山中の雷鳥沢と浄土沢の出合いに、賽の河原と呼ばれる河原がある。その呼称は、親より先に死んだ子どもが堕ちるという賽の河原に由来している。

立山の自然景観に仏教の世界観が見出された立山曼荼羅の絵にも、地獄の場面のひとつとして、この賽の河原の図像（大仙坊Ａ本22）が必ず描かれている。ところが、このように一般的には地獄の一所と考えられがちな賽の河原も、実は、三途の川を渡る手前で、なおかつ地獄の外側といった、いわばこの世とあの世の境界的な場所に位置するという。ややこしいが、賽の河原は地獄のようで、実は地獄そのものではないのである。だから、その中途半端な位置づけということもあってか、かわいそうだが賽の河原の子どもには極楽往生が約束されていない。

皆さまも賽の河原のイメージはある程度おもちだろうが、とくに立山の賽の河原の情景について歌ったものに『立山西院川原地蔵和讃』がある。それは、「帰命頂礼立山の西院の川原の物語り。きくにつけても哀れなり。二や三つや四つ五つ、十にも足らぬ嬰児が、さいの川原に集まりて、父恋し母恋し、恋し恋しと泣く声は此の世の声と事変わり、悲しさ骨身に通すなり」と、その出だしから人々の哀れを誘うような物悲しい歌詞で始まる。そのあらすじは次の通りである。

十歳にも満たない子どもたちが西院（賽）の河原に集まり、父母を恋しがって泣いている。そして両親らへの回向として河原の石を集め、それを積み上げて塔を造っている。しかし、せっかく造った石塔も、夕暮れになると地獄の鬼が現れて黒金棒で突き崩してしまう。その苦しみは、亡くなった子どもたちの追善供養を忘れてしまうほどに嘆き悲しむ、親たちの有り様に起因するという。その時、地蔵菩薩が現れ、自分を冥途の父母と思いなさいと、幼児たちを衣の裳の内にかき入れ、まだ歩けない嬰児には錫杖の柄につかまらせて抱きかかえ、憐れんでくれるのである。

ところで、子どもが賽の河原に堕ちる理由であるが、子どもは母に対し、その胎内にいるときから、おのずと心配をかけたり苦痛を与えたりすることになる。それなのに、母より先に死んでしまうことで、母の恩に報いることができないばかりか、母のみならず父をも嘆き悲しませることになり、それが罪なのだという。もっとも、子どもの両親にすれば、可愛く大切な子どもたちだったのだから、そんなことは決して意識しているはずもないのだが。

こうした賽の河原の信仰は、中国の経典や平安時代中頃に天台宗の源信によって著された『往生要集』にも見られず、おそらく中世末期以降、日本の民間信仰のなかで独自に成立していったものと考えられている。

立山地獄と地蔵菩薩

立山曼荼羅の絵のなかで、仏の尊格（仏の種別や格づけ）がはっきりと識別できるものは、阿弥陀如来とその脇侍の観音菩薩・勢至菩薩、不動明王、賽の河原の地蔵菩薩、血の池地獄の如意輪観音菩薩、地獄谷や芦峅寺閻魔堂の閻魔王、芦峅寺媼堂の媼尊である。

このなかで、立山の本地としての仏はあくまでも阿弥陀如来なのだが、それに対する信仰は立山では平安時代末期以降、都から伝播してきたものと思われる。しかし、その阿弥陀如来よりも早くから立山地獄に堕ちた人々を救済していたのは地蔵菩薩であった。立山信仰の歴史のなかで、あるいは立山曼荼羅の絵においても、阿弥陀如来や芦峅寺の媼尊とともに重要な仏である。そこで、ここでは立山曼荼羅の図柄解説から少し外れるが、立山の地蔵信仰についてふれておきたい。

まず、地蔵菩薩がもともとどんな仏かみておこう。その名はインド古代語のサンスクリット語では、クシティガルバという。クシティは「大地」、ガルバは「胎」や「子宮」を示す言葉である。すなわち地蔵は「大地の恵み」といった言葉もあるように、万物を育む母胎であることを意味する。また、地蔵菩薩が悟りを求める心はたいへん堅く、人々の苦しみを身代わりとなって引き受けても、

図5　地蔵菩薩霊験記絵巻（アメリカ・フリア美術館蔵）
© Freer Gallery of Art, Smithsonian Institution, Washington, D. C. : Gift of Charles Lang Freer, F1907. 375.

それが決して揺るがないことを、大地のどっしりとしたイメージに重ねているらしい。もとはバラモン教の神だったのが仏教に取り込まれ、菩薩に位置づけられた。

次に地蔵菩薩の役割についてである。地蔵菩薩はお釈迦さまが亡くなった後の五十六億七千万年後に、弥勒仏がこの世の救世主として現れるまで、それらの代わりに仏のいないこの世に現れて、六道輪廻に苦しむ衆生を教化・救済することを仏に任された菩薩である。その容姿は、はじめは剃髪して納衣をまとい、袈裟を着け、左手に宝珠、右手に錫杖をとり、いわゆる修行僧の姿をしていた。しかし、次第に子どものイメージになっていく。このように地蔵菩薩がより人間的で親近感がもてる姿なのは、絶えず衆生と身近なところにいて、彼らを救済するためだからだという。

地蔵菩薩は伽羅陀山に住むとされるが、立山山中の地獄谷にも谷を見下ろすように伽羅陀山という山がそびえており、さらにその山頂の地蔵堂には、現在も地蔵菩薩の石仏などが安置されている。この山は別名延好山と呼ばれるが、それはこのあとに紹介する地獄説話の登場人物に由来するものだろう。

さて、冒頭でも述べたように、立山信仰の歴史のなかで地蔵信仰の歴史はたいへん古く、平安時代末期の『今昔物語集』に収められた立山地獄説話のひとつに、「越中立山の地獄に堕つる女、地蔵の助けを蒙る語」（巻第十七第二十七）と題する説話が見られる。それは修行僧延好が立山地獄に堕ちた女性の幽霊の依頼を受け、その京の七条の生家を訪ねて、遺族に地蔵菩薩像一体の造立や法華経三部の書写など、亡霊救済の追善供養を営ませた話である。そのなかで、女性が生前、祇陀林寺の地蔵講に一、二度参詣した功徳で、地蔵菩薩が毎日地獄にやって来て、早朝、日中、日没の三回、身代わりとなって苦しみを受けてくれることも併記している。

この地蔵代受苦説話は中世には地蔵菩薩霊験記絵巻として絵画化されたが、現在、アメリカのフリア美術館所蔵本（図5　十三世紀中頃成立）や法然寺旧所蔵本が現存している。両本ともに「地蔵講結縁の人にかはりて苦を受給事」と題し、立山地獄に堕ちた女性に代わって責め苦を受ける地蔵の姿が描かれている。とくに前者の作品は、立山信仰の内容を描いた最古の絵画である。

八　立山曼荼羅の女性地獄

立山山中の血の池地獄と血盆経信仰

江戸時代、日本中の霊山が女人禁制をとるなか、立山も同様に女人禁制をとっていた。男性は、あの世の世界と位置づけられた立山山中で厳しい修行登山を行うことで、一旦擬似的に死んだことにして、再び生まれ清まって来世の極楽往生が約束されたが、山中に入れない女性には、それがかなわなかった。しかし、それにもかかわらず、江戸時代の立山は女性の救済を実現する霊山として民衆の間で――とくに女性の間で――多くの信仰を集めていた。

では女性が登れない立山なのに、なぜ女性に人気があったのか。その理由は、立山山中には「血の池」という池水が血の色をした不気味な池が存在しており、その池にまつわる血の池地獄の思想および血盆経信仰を、山麓の芦峅寺や岩峅寺の衆徒たちが全国各地で布教したことで、女性たちの救済願望を満たしていたからである。

こうした信仰は立山のみならず他の霊山でもみられるが、立山のそれがとりわけ人気を集めたのは、山中に実在した大きくてもっともらしい血の池のおかげであった。それが立山の血盆経信仰に、一層現実味を帯びさせた。

「血の池」の名称は、月経や出産の出血が不浄を他に及ぼす罪から、女性だけが堕ちるとされた血の池地獄に由来する。この地獄は血盆池地獄とも別称されるように、「血盆経」というわずか四百二十余字の短文の経典に基づいて創造された。この経典は十世紀（明の時代）に中国で成立した偽経（正式な翻訳経ではなく偽作された経典）で、日本には室町時代の頃に伝来した。その諸本にはいくつかの系統が見られるが、共通する内容はおおむね次の通りである。

あるとき、釈迦の弟子目連は、女性だけが堕ちて苦しむ血の池（血盆池）地獄の様子を見る。そこでは女性が獄主に責められ、一日に三度、池の血を飲まされ苦しんでいた。これを見た目連は、獄主に女性たちの堕地獄の理由を尋ねた。すると獄主は、女性は出産（および月経）の血で地神を汚したり、その衣類を洗った川の水で茶を入れて神に供養するため、そうした罪で死後、血の池地獄に堕ちるのだと答えた。

目連は母を救うため、獄主（または仏）に、この地獄からの脱出方法を尋ねた。すると獄主（または仏）は、三宝（仏・法・僧）を敬い、血盆斎を営んで僧侶を招き血盆経を転読すれば、血の池に蓮華が生じて成仏するだろう。また、女性が血盆経を信心して書写し所持すると、三世（過去・現在・未来）の母親は天に転生するだろう、と目連に教えてくれた。これが血盆経のおおよその内容である。

こうした血の池地獄の思想は、江戸時代、民衆の間ですでに浸透しており、芦峅寺や岩峅寺の衆徒は布教の際、立山が女性救済を実現する類いまれな霊場であることを強調して説いた。そして、血の池地獄から救われるための血盆経や月水不浄除の護符を積極的に頒布し、また地元立山で両峅衆徒が催す血盆経投入儀礼に対して納経したり、芦峅寺布橋大灌頂法会に参加すれば救われると説いた。

そして、こうした勧進活動を一層効果的に行うため、彼らの教具の立山曼荼羅にも、血の池地獄の図柄（**大仙坊A本23**）が真紅の強烈な色彩で描かれた。そこには血の池地獄に堕ちた女性たちが、血でできた池に首までどっぷりと浸かり、苦悶の表情を浮かべている様子や、そこへ女性たちを救うために、池の中から蓮の葉と蓮台に坐した如意輪観音菩薩が現れた様子などが描かれている。

芦峅寺衆徒の勧進活動と血盆経信仰

芦峅寺の旧宿坊家宝泉坊が所蔵する立山曼荼羅（**口絵5**）の血の池地獄の場面を見ると、その地獄に堕ちた女性の亡者を救済するため、僧侶たち（芦峅寺衆徒）が立山山中の血の池に血盆経を投げ入れる様子が描かれている。これは、芦峅寺衆徒が毎年七月十五日に行った大施餓鬼血盆納経式の様子を描いている。

しかし実際には絵と異なり、芦峅寺衆徒は立山山中ではその法事を行っていなかった。山中の血の池でそれを行ったのは立山別当の岩峅寺衆徒であり、毎年七月十七日に大施餓鬼血盆池破戒供養と称して行っていた。それでは芦峅寺衆徒は、どこでその法事を行っていたかというと、自分たちの村の布橋のたもとで行っていた。当日はそこに祭壇を設け、供物を供え、まず施餓鬼法要を行い、終了後、全国の信者から奉納された血盆経を布橋下に納めた。

芦峅寺衆徒は、諸国の檀那場で立山信仰を布教して回った際、檀家の女性信者に対しては、こうした血盆経の奉納を熱心に勧誘した。宝泉坊には、前述の立山曼荼羅（宝泉坊本）と併せて、『立山縁起』と『血盆経の由来』の二点の縁起が現存している。

両縁起とも音読を考慮して、発音に基づいた読み仮名がふられている。それゆえ、こうした縁起史料から、宝泉坊衆徒が信者に対し、立山曼荼羅を絵解きして布教した際、曼荼羅に描かれた血の池地獄の場面を指し示し、縁起の文言も引用しながら、血盆経信仰や血盆経を奉納する意味などを説いていたことがわかる。

衆徒にとっては血盆経納経の勧誘は対女性という点で最も重要であったが、さらにその必要性を男性にまで向けている。そのことは、縁起中の「これより年々七月十五日、十方の納経施主人の名前、あるいは先亡精霊の戒名記し置きし女人は、受持してこの地獄を免るべし。たとい男子といえども誰が母なからん。共に信受して生する母・姉・妹のため、立山の地獄谷に納め、地獄の苦患を救うべし」といった文言に、端的に表れている。

ところで、この血盆経縁起の持ち主の宝泉坊は、幕末期、江戸で檀家数が五百軒程度の檀那場を形成していた。同坊衆徒の泰音は毎年農閑期に江戸へ赴き、数カ月の滞在期間中に各檀家を訪ねて回り、祈禱を行ったり、護符や小間物・薬などを頒布しながら立山信仰を布教した。檀家の戸主には、大都市江戸の特性を反映し、町人（商人・職人・人足）や武士（大名・江戸勤番・旗本・御家人）など、さまざまな身分の人々が存在した。

こうした檀那場での活動で、宝泉坊は庶民の女性信者はもとより、諸大名の夫人や侍女、江戸城大奥の老女、遊廓新吉原などの女性信者に対しても、血盆経（百三十六文）や血脈（二百文）、月水不浄除などの木版刷り護符を多数頒布した。とくに血盆経や血脈は、女性信者の間で安産を願って、あるいは血の池地獄に堕ちた一般的な女性死者や産死者の救済を願って盛んに求められた。また女性が没したとき、棺に納めることで血の池地獄には堕ちずに成仏すると信じられ、求められたりもした。

一方、女性信者が立山に血盆経を奉納する場合、みずから書写した血盆経を、知縁の立山禅定登山者や布教に訪れた立山衆徒に委ねて行うこともあった。しかし大抵は、衆徒が用意してきた木版刷りの血盆経を信者が購入して奉納した。さらに形式化が進むと血盆経は頒布されず、信者の納経依頼を受けて衆徒が法事の布施を徴収し、持参の奉加帳に祈願者名を書き記し、七月十五日の大施餓鬼血盆納経式で、その奉加帳を供養することですませた。こうなると、立山信仰も全くの商売である。

石女地獄と両婦地獄

法華経の提婆達多品にはこんな物語がある。龍宮の王女（龍女）は文殊菩薩の教化も受け、八歳のとき、すでに悟りが開けるだけの最高の知恵をもっていた。そんな彼女に釈迦の弟子の舎利弗は、女性は仏になる器《き》（修行にたとえて、仏法を体得するのに十分な素質をもっている人物）ではないことや、女性には五障があり、梵天・帝釈天・魔王・転輪聖王・仏身の五つになれず、成仏し難いことを説いた。しかし龍女は宝珠を釈迦に奉ると男性に変身し、さらに菩薩に成仏して、南方の無垢世界で説法をした。

ここにみられるのは、変成男子・女人成仏思想（男性にならないと、女性のままでは成仏できないとする考え方）である。芦峅寺衆徒が、血の池地獄からの女性の救済を願って頒布した血脈の護符には、この思想に基づく「変女転男」の文言が刷られている。

このような説には、女性への差別・侮蔑がみられ、現在の私たちには容認できない。ただし誤解を避けるために補足すると、法華経全体を貫くのは、男女は共に救済されるとする思想で、それ自体はとても素晴らしい。残念だが法華経の前述の部分だけが強調され、そのなかでもとくに五障という言葉が、のちに経典の趣旨から離れ、女性に内在する罪や煩悩、月経の障りなどと重ねられ、女性への不浄観を増大させた。さらに儒教の影響を受けた「三従」、すなわち女性は子どものときは親に、嫁いだときは夫に、老いては子に従うという男尊女卑の教えと結びつき、「五障三従」が一対の思想として語られるようになった。

立山曼荼羅には、前節の血の池地獄もそうだが、こうした女性への差別や侮蔑、男尊女卑を含んだ地獄がいくつか描かれている。石女地獄はそのひとつで、曼荼羅の画中、上半身裸で白い腰巻きを着けた二人の女性が、竹林で蠟燭の灯心を使って竹の根を掘らされているのがそれである（**大仙坊A本24**）。この地獄には、子どもを産むことのできない不妊の女性や、何らかの事情によって子どもを産むことのなかった女性が堕ちる。

では、なぜ女性は竹の根を掘らされるのか。それは竹の根が子種を意味しているからである。すなわち、子どもの順調な成長が筍や竹の成長の速さになぞらえられ、竹は子どもを象徴するものとして人々の間で認識されていた。だから竹の根を子種とみなし、それを求めて掘るのである。

一方、女性たちが竹の根を掘る際、蠟燭の灯心を使うのはなぜか。これについては最近の研究で、灯心が一種の堕胎薬・避妊薬として使用されていたからだとする説が示されている。

このほか、両婦地獄は男性と女性の両方が堕ちる地獄である。曼荼羅の画中、男性が二人の蛇体の女性に巻きつかれ責めさいなまれている（**大仙坊A本25**）。この地獄には、一般的に妻がありながら別の女性と関係をもった多情な男性が堕ちると解釈される。確かにそうだが、しかし、この地獄は男性はもちろん、むしろ、本来は女性が堕ちる地獄として着目されるべきものなのである。なぜなら、この図柄が成立した中世の時代は、家を存続させることが第一義で、一夫一婦多妾制がとられていた。だから男の愛欲・多情は最大限容認されていたのに対し、女性の嫉妬や愛欲・淫欲は堕地獄の要因として罪悪視され、戒められたのである。

九　立山曼荼羅のミクリガ池と善知鳥の説話

ミクリガ池と善知鳥《うとう》という、二つの立山地獄説話を見ておこう。

立山山中のミクリガ池は、江戸時代、寒の地獄（極寒の苦しみの世界）に見立てられていた。立山曼荼羅には、亡者が池の中に首まで浸かって、もがき苦しむ様子が描かれている（**大仙坊A本26**）。まず、この地獄にまつわる説話を、立山曼荼羅の絵解き台本『立山手引草』（嘉永七年〈一八五四〉）に基づいて見ていきたい。

昔、越前国越智の僧侶良慶（小山法師とする説話もある）は、大先達（修験道修行の指導者）の海弁に導かれ、立山禅定登山を行った。途中、良慶は地獄谷で寒の地獄を見て、それを百姓の種井《たねい》（種をまく前に種籾《もみ》を浸しておく池や川）のようだと嘲り、口に剣をくわえて池に飛び込むと、向こう岸まで泳いでみせた。

海弁は良慶の傲慢な行動に驚き、自分の不徳でこの不祥事が起きたことを嘆いた。そして、もしこのまま良慶の傲慢な行動を抑えられなければ、立山の名を汚すことになると憂いた。そこで、海弁は降魔（悪魔を退治し降伏させる）の加持祈禱を行い、地元の刀尾神の力も授かり、不動明王が乗り移ったような形で、良慶に言った。すなわち、おまえ（良慶）が口にくわえていた剣は、実は玉殿窟（立山開山の場所）の大聖阿遮羅尊（不動明王）の秘宝剣であり、地獄池で泳いだとき、その剣の徳で堕地獄を免れたのである。そして、おまえが剣を盗んだことは、あとで詮議することにして、剣を自分に返し、もう一度地獄池に入ってみよと告げた。

これを聞いた良慶は腹を立て、剣の徳を嘲り、それを投げ置いて再び地獄池に飛び込んだ。しかし、三巡り目についに地獄へ堕ちてしまった。ミクリガ池の名は、良慶が池を三度巡ったことに由来する。

もうひとつの立山地獄説話は「善知鳥《うとう》」と題するもので、立山曼荼羅には、亡者が僧に衣の片袖を渡す様子（大仙坊A本27）が描かれている。以下、能『善知鳥』に基づき、その内容を見ていきたい。

諸国遍歴の僧が陸奥国外の浜への旅の途中、立山へ立ち寄り禅定登山をした。僧は山中で地獄巡りをしたが、その光景のものすごさに恐れおののき、下山して行くと、突然老人が現れ、呼び止められた。

老人は実は亡霊であった。老人は僧に、「私は陸奥の外の浜の猟師だが、去年の秋に死んでしまった。陸奥の私の家を訪ね、残された妻子が私に簑笠を手向けてくれるようにお伝えください」と頼んだ。僧は、猟師の妻子がこの話を信じるよう、証拠の品を求めた。すると猟師は、死ぬ間際まで着ていた麻衣の袖を解いて、これを証拠の品として僧に渡した。

僧は外の浜に着くと猟師の家を訪ねた。そしてその妻子に彼の言葉を伝え、預かってきた片袖をさし出した。妻子は「これは夢かや、あさましや」と驚き悲しみ、形見の衣を取り出して合わせてみると、ぴったりその袖に合った。そこで僧の言葉に従い、法事を営み、猟師の望む簑笠を手向けて供養した。すると、妻子や僧の前に猟師の亡霊が現れた。そして生前、善知鳥という鳥をたくさん殺した報いで、今は立山地獄に堕ちていると語った。さらに、雉に生まれ変わった自分が、怪鳥や鷹・犬に変身した善知鳥に激しく責め立てられる様子を目の当たりに見せ、そのうち、僧に激しく救いを求めながら消えて行った。善知鳥の名前は、その親鳥が砂中に隠した雛鳥に餌を与える際、「うとう」と鳴くと、親鳥に呼ばれたと思った雛鳥が「やすかた」と応えて這い出てくる習性からつけられたという。猟師はこの習性を悪用し、善知鳥の鳴き真似で誘き寄せ、捕獲していたのである。

この能『善知鳥』は、平安時代末期の頃には貴族社会で知れ渡っていた「立山地獄説話」に、十二世紀の『地獄草紙』などに見られる「鶏地獄」のモチーフや津軽地方の「珍鳥説話」、「片袖幽霊譚」などが組み合わせられ、室町時代に成立したものである。

第四章　立山浄土

一　立山曼荼羅の阿弥陀聖衆来迎

立山曼荼羅の画面には、立山山中の地獄谷のあたりに、立山地獄に堕ちた亡者に対する責め苦の様子が強調して描かれている（図2）。一方、それに相対するかのように、地獄谷から対角線上に位置する立山連峰の雄山とその右手の浄土山、あるいは雄山とその左手の大汝山の山間に、阿弥陀如来と聖衆（聖者の群衆、菩薩たちのこと）の来迎が描かれている。そして、そこには阿弥陀如来が教主として住む西方極楽浄土の様子自体は見られないものの、この、いわゆる阿弥陀聖衆来迎の図柄をもって立山浄土の場面としている（図6）。来迎とは念仏行者の臨終の際、阿弥陀如来が脇侍の観音菩薩や勢至菩薩とともに（これを阿弥陀三尊という）、または、その他の二十五人の菩薩とともに飛雲に乗り、楽器を演奏しながら死者を迎えにやってきて、極楽浄土へ連れて行くことである。

立山曼荼羅諸作品の来迎場面を見ていくと、阿弥陀如来や諸菩薩の描かれ方は三種類に大別され、阿弥陀三尊の来迎だけを描くものや、阿弥陀如来と二十五菩薩の来迎だけを描くもの、一画面に両

図6　立山曼荼羅『大仙坊Ａ本』　立山浄土の場面（個人蔵）

方を個別に描くものなどが見られる。画中での来迎場面の配置状況については、『吉祥坊本』などでは、阿弥陀如来と二十五菩薩が浄土山の背後から山間を縫って飛来する形で描かれている。これは他の作品にも多く見られる一般的な描き方である。一方、『大仙坊Ａ本』などでは、雄山や大汝山の背後から阿弥陀三尊が、あるいは阿弥陀如来と二十五菩薩が、山間を縫って飛来する形で描かれている（**大仙坊Ａ本28**）。

次に、こうした来迎図の細部を見ていくと、阿弥陀三尊の形式をとる場合、阿弥陀如来を中心に、脇侍は向かって右に観音菩薩が配され、左に勢至菩薩が配される。観音菩薩は往生者を乗せるための蓮台を持ち、勢至菩薩は胸前で合掌をしている。二十五菩薩については幡を持つ薬王・薬上両菩薩や天蓋を持つ普賢菩薩、錫杖を持つ地蔵菩薩などのほか、虚空蔵菩薩や光明王菩薩など、二十五人中、十三人が楽器を持つ。楽器には篳篥《ひちりき》・笙《しょう》・簫《しょう》・横笛などの管楽器、箜篌《くご》・琵琶・箏《そう》などの絃楽器、鉦鼓・太鼓などの打楽器が見られ、雅楽にかかわるものばかりである。おそらく来迎の際には、宮中から、流れるような流麗な音楽が奏でられていたのだろう。

何だかとても優雅だが、一方でそれはスピード感に溢れるものでもあった。作品のなかには『大仙坊A本』のように、仏が乗る雲の尾の描き方で来迎のスピード感を強調する、早来迎の様式がとられているものもある。こうした表現は、できるだけ早く来迎を求めようとする人々の切実な心情を示すものだろう。

いずれの立山曼荼羅を見ても、阿弥陀如来と聖衆の来迎場面は、おおむね雄山と浄土山の山間に描かれている。それはなぜかというと、どうやら立山の自然現象と関係があるようだ。立山の雄山山頂では、朝日が昇るとき、東が晴れていて、西に霧がかかっていると、霧中に自分の影とそれを取り巻く美しい輪が見えることがある。いわゆるブロッケン現象であるが、夏場は雄山と浄土山の山間あたりにこの不思議な自然現象がときどき見られる。おそらく、これがいつの頃からか極楽浄土からの阿弥陀如来の来迎に見立てられ、特別に信仰されるようになったのだろう。阿弥陀如来の極楽浄土に由来する浄土山という山名も、こうした現象をもとにつけられたのだと思われる。だから立山曼荼羅の「立山浄土」の場面では、ブロッケン現象が起こる雄山と浄土山の山間に、阿弥陀如来と聖衆の来迎が描かれることが多いのである。

二　立山曼荼羅の神仏習合

富山県［立山博物館］に勤務する筆者は、よく観覧者から、「立山はどんな神さまや仏さまをお祀りしているのですか？」と質問される。

筆者はこれに対していつも、「江戸時代には」と断りを入れ、立山の本社である峰本社（頂上社殿）には、本尊（本地仏）として阿弥陀如来と不動明王が祀られていたはずだと答えている。これは、江戸時代中期の百科事典『和漢三才図会』に基づくものだ（ただ、実際に仏像の形で安置されていたか否かは定かではない）。さらに詳述すると、同書には阿弥陀如来と不動明王を本地とし、その垂迹が前者は伊弉諾尊《いざなぎのみこと》、後者は手力雄命《たぢからをのみこと》であることも記されている。なお、芦峅寺の立山開山縁起では、それに登場する熊は阿弥陀如来、白鷹は不動明王とされているが、峰本社の祭神はまさにこれなのである。

ところで、「本地垂迹」という言葉をご存じだろうか。日本では平安時代から、外来宗教の仏教の神である仏・菩薩が、日本人を救うために日本の神となって現れたという、いわゆる本地垂迹説が一般化し、次第に普及した。その際、外来の仏・菩薩を本地（本来の姿）とし、日本の神を垂迹（仮の姿）とする考え方がとられた。最初に説明した立山の祭神のあり方も、実はこうした本地垂迹説に基づいている。日本人は、土着の固有文化である神道と、外来の異文化である仏教を対立させず、むしろ共存させた。すなわち、在来の神の観念を仏教の教義で解釈することで、互いの優れたところを活かしながら、ともに崇敬してきた。

立山では阿弥陀如来を本地とし、その垂迹に立山権現を当てる場合もある。これは前述の本地垂迹説に基づき、本地に対する垂迹神に、神号として「権現」号が授けられたものである。もともと「権現」の言葉には垂迹の言葉と同じく、仏・菩薩が人々を救うために「権」に神の姿をとって「現」れるとの意味がある。また、権現号は強力な霊験を発揮する神霊につけられ、立山権現もそうだが、熊野権現や白山権現など、各地の山岳霊場の神々に多く見られる。

ここで、立山の本地として最も重要な阿弥陀如来についてふれておきたい。阿弥陀如来は、インド古代語のサンスクリット語ではふたつの名前をもち、ひとつは無限の生命を表すアミターユスで、無量寿如来ともいう。もうひとつは十方を照らす無限の光を表すアミターバで無量光如来ともいう。同尊の信仰を主題とする経典には『無量寿経』『観無量寿経』『阿弥陀経』（浄土三部経）があり、次の物語はそのなかの『無量寿経』による。

遥か遠い昔、世自在王如来の説法を聴聞したインドの王子が、自分も悟りを得ようと出家し、比丘となり、法蔵（菩薩）と改名した。あるとき、法蔵は世自在王如来に、世の中すべての人々の苦しみをなくす方法を尋ねた。すると彼は、法蔵に二百億以上もの仏国土（浄土）を解説つきで見せてくれた。だが、法蔵はどれも納得できない。そこで、どれよりも優れた仏国土を西方に建立することを決意した。同時に、自分が理想とする仏国土の有り様をまとめ、それを四十八の本願（誓い）として打ち立てた。そのなかで最も重視されたのは十八番目の本願で、「あらゆる世界の人々が、私の建立する極楽という国に生まれたいと願って私の名前を称えたとき、それがかなえられなかったならば、私は仏とはならない」という内容である。のちに法蔵は長い間修行を重ね、その本願を成就させて仏となり、阿弥陀如来と称された。これにより、あらゆる人々に救済の道が開かれたのである。

三　立山における阿弥陀信仰の受容過程

立山信仰に関する最古の文献は『万葉集』である。そのなかに、奈良時代の天平十九年（七四七）、万葉歌人の大伴家持が、立山について「立山賦」と題し、「立山に降り置ける雪を常夏に見れども飽かず神からならし」と詠んだ歌がある。この歌から古来、立山は、家持や山麓の人々に、山そのものが神として、あるいは神の住む山として崇められていたことが推測される。ただし、そこには神に対する観念はあっても、仏教的な世界観はまだ感じられない。

これに対し、文献上はじめて立山に仏教の世界観が認められるのは、平安時代中期の仏教説話集『本朝法華験記』（比叡山横川の僧侶鎮源の編纂）所収の立山地獄説話である。

立山参詣中の修行者が、立山地獄に堕ちた女性亡者から依頼され、彼女の近江国蒲生郡の生家を訪ねた。修行者は遺族に彼女のことを伝え、法華経の書写と講説供養を営ませた。その功徳と女性亡者が生前に信仰していた観音菩薩の助けで、彼女は立山地獄を脱出して忉利天に転生した。

この説話で注目すべきは、女性亡者の救済先が観音菩薩の補陀落浄土や阿弥陀如来の極楽浄土ではなく、帝釈天の浄土の忉利天、すなわち六道世界の内の天界とされている点である。たぶん当時の立山には、まだ阿弥陀信仰が流布していなかったのであろう。

これが、平安時代末期の仏教説話集『今昔物語集』所収の立山地獄説話では、ある程度の進展が見られる。立山参詣中の修行僧延好が、立山地獄に堕ちた女性亡者に出会う。女性は生前、祇陀林寺の地蔵講に一、二度参詣したが、その功徳で地蔵が毎日三回、女性の地獄での責め苦を代わって受けてくれているという。延好は女性の依頼を受け、その京の七条の生家を訪ねて、遺族に地蔵菩薩像一体の造立や法華経三部の書写、亭子院での法会など、亡霊救済の追善供養を営ませた。法会に招いた僧侶は大原の浄源であった。

この説話では女性亡者の救済者は地蔵菩薩だが、救済先は記されていない。ただし、富山の歴史学者久保尚文氏は、同話のなかに地蔵信仰や阿弥陀信仰を中心とした浄土教との関連性を見出されている。すなわち、同話に登場する浄源は、京都大原三千院の阿弥陀堂、阿弥陀三尊像で有名な、比叡山下の大原の僧侶であった。さらに彼は『往生要集』を著した源信の門弟で、浄土教の布教者であったから、同話の流布は浄土教の発展に貢献したと指摘されているのである。このように立山では、平安時代末期には、阿弥陀如来を中心とした浄土教の影響が見られるようになった。

その後、鎌倉時代末期の『類聚既験抄』や鎌倉時代初期の国語辞典『伊呂波字類抄』十巻本所収の「立山開山縁起」では、開山者を導く熊が阿弥陀如来の化身として記されるようになる。さらに南北朝時代中期の『神道集』では、立山権現の本地が阿弥陀如来とされるとともに、立山十二所権現、すなわち十二光仏の住む山として位置づけられ、この頃までには、阿弥陀如来を本地とする立山山中浄土の思想が完全に確立していた。

ところで富山県［立山博物館］には、鎌倉時代の寛喜二年（一二三〇）に制作された立山の神の像（銅造男神立像）が展示されている（図7）。この神像については、『本朝法華験記』や『今昔物語集』所収の立山地獄説話に、帝釈天が衆生の罪を裁く場所として「大イナル峰」、すなわち帝釈岳のことを記していることとの関係が気になる。ここで言う帝釈岳が立山連峰のいずれの峰を指すかは不明だが、平安時代の説話に登場する地獄谷周辺の山はこの帝釈岳だけである。おそらく、こうした説話を背景として、帝釈天風の容貌のこの神像が制作されたのだろう。

図7　銅造男神立像（富山県［立山博物館］蔵／国指定重要文化財）

第五章　立山禅定登山案内

一　立山開山縁起にかかわる伝説

本章では、立山道や立山禅定登山道の沿線の主な名所について、その由来や伝説などを見ていきたい。まずは、佐伯有頼を主人公とする立山開山縁起にかかわる内容からはじめよう。

布施城（黒部市犬山）

立山開山縁起の出発点である。佐伯有若と有頼の父子は、国司として越中に赴任すると、片貝川と布施川が合流するあたりの新川郡保伏山（犬山）の地に、布施城（**大仙坊A本1**）を構えて住んだ。現在、その跡地と伝えられる場所には、権現柳と称する老木が立っている。

森　尻（上市町森尻）

白鷹の行方を探し求める有頼の前に森尻権現が現れ、東南の方角を探すように教えてくれた。

一夜泊（立山町泊新）

有頼は森尻権現のお告げに従って白鷹を捜索した。しかし、日も暮れたので野宿をして一夜を明かした。この地を一夜泊という。

岩峅寺（立山町岩峅寺）

白鷹を探し求め、岩倉の林にたどり着いた有頼は、そこの岩座に立つ刀尾天神に出会った。刀尾天神は白鷹が横江の林にいることを教えてくれた。この岩座の地が岩峅寺である。江戸時代、同地には大講堂・観音堂・地蔵堂・若宮社礼堂・地主刀尾天神本社拝殿・鐘撞堂などの宗教施設とともに、二十四軒の宿坊家が存在した。

横　江（立山町横江）

有頼は逃げた白鷹を発見した。しかし、鷹を呼び寄せ、鷹がまさに自分の拳に降り立とうとした瞬間、横から獰猛な熊が駆けて来て有頼に襲いかかった。有頼がすぐさま熊に向かって矢を射ると、矢は熊に命中した（**大仙坊A本3**）。この地を横矢の地といい、今は横江という。

千　垣（立山町千垣）

有頼に矢を射られ傷ついた熊は、血を流しながら逃げて行った。その血のかかったところが血懸と呼ばれ、それが今の千垣である。
千垣村の集落を過ぎて進んで行くと、芦峅寺村の手前に急坂があり、「死出の山」と呼ばれている。その坂下の川は「三途の川」と呼ばれており、かつてそこに、「此所、三づの川、是より死での山」と刻まれた自然石の道標（**吉祥坊本9**）があった（現在は立山博物館前にある）。この場所は、いわゆるこの世とあの世の境界で、ここから先の山中は他界である。

芦峅寺（立山町芦峅寺）

熊を追う有頼は、途中、道に迷って清水が涌く池のほとりに出た。疲れて眠ると、夢の中に三人の老婆神（姥尊か？）が右手に長杖を持ち、左手に麻の葉を持って現れ、白鷹の行方を教えてくれるとともに、有頼を勇気づけた。有頼は白鷹を探し求める決意を一層強くし、立山山上を目指して進んで行った。この清水池の地が芦峅寺となったのである。

江戸時代、同地の集落には、大きく分けて二つの境内地が二〇〇メートルほど離れて存在していた。その一カ所は、姥谷川とそれに架かる布橋を挟んで仁王門・閻魔堂・鐘桜堂・姥堂・帝釈堂などの施設が建ち並ぶ領域であり、もう一カ所は鳥居・講堂・大宮・若宮・開山堂・拝殿・慈興上人廟所・神明社・熊野社・御蔵所などの施設が建ち並ぶ領域である。この二つの境内地をつなぐように、立山山中に向かう往来の沿線に、三十八軒の宿坊家が隣接して建ち並んでいた。さらに、こうした宿坊家の背後には、諸堂舎の建ち並ぶ境内地を避けて七十軒前後の門前百姓家があった。

藤　橋（立山町芦峅寺）

熊を追う有頼は、途中、激流の大河（称名川）に行き着き、渡ることができず困っていた。すると多数の猿が現れ、藤づるで吊り橋を造り、有頼を渡してくれた。この橋を藤橋（**大仙坊Ａ本29・吉祥坊本4**）という。また別の伝説によると、突然金色の猪が現れ、有頼を背に乗せて河を渡してくれた。直後に猪は対岸の坂で消えてしまった。河を渡った場所は藤橋、猪が消えた場所は黄金坂という。

黄金坂

藤橋を渡った有頼は、近くの山坂で突然、金色の鹿に出くわした。鹿は有頼に向かって毒気を放ち、それに当たった有頼は昏倒した。この場所を黄金坂という。

草生坂

有頼は黄金坂で鹿の毒気に当たって昏倒したが、その後、薬師岳の守護仏が現れた。そして有頼に、最初に手に触れた草を食べるように告げた。有頼が言われた通りにすると、不思議にも中毒症状は治まり、元気な姿に戻ることができた。この場所を草生坂という。

熊尾（熊野）権現・鷲ヶ窟

昔、有頼が材木坂より少し先の所で、大六天魔王とその大勢の眷属に脅され、難題を持ちかけられた。するとその時、有頼を救うべく、どこからともなく小山大明神が一万の軍勢を引き連れて現れた。その勢いに恐れをなして、魔王の眷属の多くは降伏した。さらにそこへ熊尾（熊野）権現も熊となって現れ、両者の力で魔王の眷属は皆降伏したので、魔王自身もとうとう姿を消した。そこで、この地に熊尾権現を祀った。その近くには鷲ヶ窟という岩穴があり、修験者がそこで修行をしたという。

断截坂

有頼が熊を追ってどんどん山坂を登って行くと、突然あたりが真っ暗になった。風雨が巻き起こり、稲妻が閃き、雷が鳴り響くや、雷獣が有頼の前に落ちた。有頼はとっさに刀を抜いて、雷獣を斬り倒した。するとあたりは急に明るくなった。この坂を断截坂という。

称名滝・伏拝・仮安坂

熊を追う有頼は、遥か彼方からの何ともいえぬ滝の妙音を耳にした。大勢の人が称名念仏を唱えているようで心地よく、そのおかげで険しい坂もやすやすと登り終えた。坂を登りきると目の前がにわかに開け、ずっと向こうに大きな滝が見えた。天から落ちてきたような滝の神々しさに、有頼はひれ伏して滝を拝んだ。この滝を称名滝（大仙坊Ａ本30）といい、拝んだ場所を伏拝（大仙坊Ａ本31）という。滝音が聞こえた場所は仮安坂という。

桑　谷

有頼は立山の神に幣帛（金銀、あるいは白色、五色の紙を竹または木の幣串に挟んだもの）を奉納したいと思い、その材料の絹を得るため、立山山中で桑を栽培した。その場所を桑谷という。

玉殿窟

有頼が追跡した熊は玉殿窟（大仙坊Ａ本4）に逃げ込んだ。仕留めようと弓を構えると、阿弥陀如来と不動明王が現れ、有頼に立山を開山するように告げた。まさにこの場所が、立山開山第一の霊地である。

二　立山における高僧伝説

立山には、日本の高僧にかかわる伝説も多く伝わる。以下に紹介しよう。ただし、実際に立山を訪れたかどうかは定かではない。

道元と藤橋

立山禅定登山に訪れた道元（曹洞宗の開祖）は、途中、激流の大河（称名川）に行き着き、渡ることができず困っていた。仕方がなく近くの岩の上で坐禅をすると、対岸の山から十二匹の猿が現れ、藤づるを絡めてあっという間に吊り橋を造ってくれた**（吉祥坊本4）**。道元は猿たちに感謝しながら橋を渡ったが、不思議に思い、振り返って橋を見ると、橋の藤づるは「南無阿弥陀仏」の名号の字形に絡められていた。道元は感動し、橋に向かって合掌しながら「立山に南無とからしめ藤橋を　踏みはずすなよ弥陀の浄土へ」と歌に詠んだ。すると猿たちは十二光仏に変化し、紫雲に乗って峰の彼方に消えて行った。

法然と称名滝

立山禅定登山に訪れた法然（浄土宗の開祖）は、山中でどこからともなく、大勢の僧侶が「南無阿弥陀仏　南無阿弥陀仏」と称える念仏の声を聞いた。声のする方向に目を向けると、天から流れ落ちる大滝が見えた。その瀑音が称名念仏に譬えられ、「称名滝」**（大仙坊A本30）**と名づけられたという。

源信と仮安坂

立山禅定登山に訪れた源信は、立山の地獄・極楽の様子が自著の『往生要集』の内容にそっくりだと思った。そこで、立山に自分の足跡を残そうと思い、「唯たのめ　五逆の罪は重くとも　身を仮り安く登る立山」と歌に詠んだ。

親鸞と弥陀ヶ原

立山禅定登山に訪れた親鸞（浄土真宗の開祖）は、山中で四十八枚の田んぼを目にした。阿弥陀の名号を称えて田面を眺めると、草についた露が化仏の姿に見えた。そこで親鸞は、「六八の誓ひはひろき弥陀ヶ原　千草の露は化仏なるらん」と歌に詠んだ。

最澄と下市場・上市場

立山禅定登山に訪れた最澄（天台宗の開祖）は、山中でどこからか人の声を聞いた。不思議に思い、印を結んで目を閉じると、仏たちが市場のように大勢集まって、舞楽を舞っている情景が浮かんだ。その様子はまるで極楽浄土のようだった。しかし、目を開くと、ただ原が見えるだけである。そこで最澄は、「目を閉じて心で見れば浄土なり　目を見開けば本の原なり」と歌に詠んだ。

空海（弘法大師）と弘法

立山禅定登山に訪れた空海（真言宗の開祖）は、山中で喉の渇きを覚えた。しかし、弥陀ヶ原には餓鬼の田んぼがあるものの、その水は飲めない。空海は参詣者たちも飲み水がなくて困っているという話を聞いていたので、この場所には水が必要だと思った。そこで、阿弥陀如来を念じながら持参の金剛杖で地面を突くと、その跡から滾々《こんこん》と清浄な水が湧き出てきた。これを弘法の清水という。

空海と一ノ谷鎖場・獅子ヶ鼻

立山山中の二ノ谷や一ノ谷、獅子ヶ鼻の懸崖付近（**大仙坊A本32**）は立山禅定の道程の最難所で、参詣者はあえてここを通り難行とした。その岩壁には、参詣者のために京都の名工三条小鍛冶宗近が奉納したと伝える鎖が渡されている。一ノ谷を見下ろす崖の上に、獅子が吼えているような形をした巨岩が突き出ている。これが獅子ヶ鼻である。昔、このあたりにアキュラセツという魔物がいて、参詣者を困らせていた。立山禅定登山に訪れた空海がそれを聞き、この岩端に坐し、七日七夜、調伏の護摩を焚いて魔物を退治したという。

一方、別の伝説では、空海は獅子ヶ鼻の洞窟で二十一日間、護摩を焚いて籠もりの修行を行ったという（**吉祥坊本5**）。ただしその時、護摩木を持参してこなかったので、参詣者の扇をもらい受け、その骨を代用した。なお、獅子ヶ鼻にはこの伝説にちなんで扇子ヶ岳という所があり、登山者はここで、持参の扇子を奉納していったという（**吉祥坊本6**）。また、ここには衣掛け松と称する松の小木が生えている。空海がこの松に墨染の衣を掛けたことに由来するという。

三　立山における女人禁制伝説

比叡山や高野山の山岳寺院をはじめ大峰山、出羽三山、白山、英彦《ひこ》山など、各地の修験道霊山のほとんどが、中世・近世を通じて女人禁制をとり、女性の入山や登山を禁じていた。立山もまた同様であった。

女人禁制とは、特定の寺院や霊場などの宗教行為を行う場所・空間を聖域として設定し、その領域や施設への女性の立ち入りを禁止する制度のことである。あるいは神事や法会への女性の関与を禁止する制度のことである。今日でも、たとえば奈良県大峰山の山上ヶ岳や岡山県後山は女人禁制を守っている。また、国技の大相撲では土俵に女性は上がれない。そこで制度の見直しをめぐり、いつも論争が繰り返されている。

ところで、女人禁制の起源や歴史的展開はいまだ不明な点が多いが、その成立理由には次の諸説が上げられている。①女性には月経や出産にかかわる血の穢れがあり、清浄な場である山岳や寺院への立ち入りはよくない（女性の不浄観）とする考えに基づく。②仏教経典の女性蔑視思想に基づく（本書の第二章八節の内容を参考）。③男性の側からみて、世俗の欲望を断ち切る修行の場に女性がいては性的な誘惑を引き起こし妨げになるので、女性を排除したほうがよいとする考えに基づく（僧侶の女犯を禁止する戒律遵守）。

女人禁制に関する一般的な説明はここまでにして、以下、本題である立山の女人禁制伝説を見ていきたい。

かつて立山は女人禁制の霊場だった。ところが、若狭国（福井県）小浜の尼僧の止宇呂尼《とうろに》という者が、壮年の美女一人と禿頭の童女一人を従えて、立山禅定登山に訪れた。

立山の登山口から少し先に進んだ所に、峰本社を再建（建立対象を山小屋、女人堂、権現堂などとする説もある）するための材木がたくさん積み置かれていた。止宇呂尼一行がそれを跨《また》いで進むと、山神の怒りにふれ、材木は一夜で石になってしまった。それで、このあたりの坂を材木坂（**大仙坊A本33**）という。

材木坂からさらに先へ進むと、途中、壮年の美女が山神の怒りにふれて、杉の木に姿を変えられてしまった。乳房のような形をした瘤が二つあって、いかにも女性らしい姿をしており、これを美女杉（**大仙坊A本34**）という。そのあたりの坂を美女坂、平を美女平という。

この怪異を一部始終見ていた童女は、怖くなって先へ進めなくなった。その様子に、止宇呂尼は豪快にも放尿しながら童女を叱りつけた。すると、尿のかかったところに先が見えないほどの深い穴があいた。これを叱尿《しかりばり》という。躊躇する童女を叱りつけて進んで行くと、そのうち彼女もまた山神の怒りにふれ、杉の木に姿を変えられてしまった。背が低く子どものおかっぱ頭の髪型に似ており、これを禿杉《かむろすぎ》（**大仙坊A本35**）という。

一人残された止宇呂尼は、怯むことなく弥陀ヶ原を越えて進んだが、国見坂の下のあたりでついに彼女も額から角が生え、石に姿を変えられてしまった。この石を姥石（大仙坊Ａ本36）といい、そのあたりの谷間を姥懐《うばがふところ》という。そして、彼女が石になるとき、最後の力を込めて、鏡を立山頂上にめがけて投げた。鏡は天狗平付近で落下して石になった。それを鏡石（大仙坊Ａ本37）という。

ところで、立山も含め各地の神社仏閣の女人禁制は、明治五年、明治政府の太政官布達で廃止された。立山信仰史の研究で知られる廣瀬誠氏の調査では、のちに立山での女性登頂者第一号は、当時、立山温泉を経営していた深見六郎右衛門（十二代）の妻チエで、明治六年に立山温泉から登頂したという。また、外国人女性では、同二十四年にお雇い外国人として著名なヨハネス・デレーケが登頂した際、それに同行した娘ヤコバが最初であるという。

四　その他の伝説

弥陀ヶ原の餓鬼の田んぼ

弥陀ヶ原の台地上には、池塘と呼ばれる小さな水たまりが点在する。もっとも人々の間では、それは餓鬼の田んぼ（大仙坊Ａ本38）としてよく知られ、六道の餓鬼道に堕ちた餓鬼が、飢えを凌ぐために田植えをしている場所だと考えられた。そこには、ミヤマホタルイなどの植物が育つが、もちろん稲でないから秋になっても実らない。それで、餓鬼はいつまでも飢え続けるというのである。

天狗山・天狗平

天狗山や山下の天狗平には天狗（**大仙坊Ａ本39**）が住んでいて、禅定登山者のなかに、山に対して不敬の心を起こしたり、不遜な態度や行動をとったりした者がいると、天狗が怒って石を投げつけてくるという。また室堂小屋に悪人が泊まると、天狗平の山小屋あたりで暴風雨が起こるとされたが、それもそこに住む天狗の仕業だという。

このほかの天狗伝説として、以前、立山禅定登山の途中、みずからの驕慢で牛になった森尻智明坊の説話を紹介したが（本書第三章五節参照）、その智明坊はのちに光蔵坊（**吉祥坊本７**）という名の天狗となり、一ノ谷に住んで悪事を働いたという。

室堂小屋

室堂平には室堂小屋（**大仙坊Ａ本40**）が建っている。現在は南室と北室の二棟が建ち並び、両棟とも木造で四間に五間の大きさである。ただし、江戸時代中期の百科事典『和漢三才図会』には「室堂四間に五間、三棟」と見え、その頃は三棟だったようだ。室堂平の東側断崖には虚空蔵窟と玉殿窟があり、古くはこの洞穴で禅定登山者が宿泊・参籠したと伝えられ、その籠もり堂の意味や機能が室堂小屋に移ったと考えられる。近年の発掘調査では、鎌倉時代からこのあたりに何らかの宗教施設があったことが指摘されている。

文献史料の上では、天正十一年（一五八三）、越中国主佐々成政が岩峅寺衆徒に対して宛てた寄進状に「室堂本願」と見えるのが初出であり、戦国時代にはすでに存在していた。また『加賀藩史料』には、元和三年（一六一七）、加賀藩二代藩主前田利長の夫人玉泉院が立山室堂を再興したことが記されている。いずれにしても、日本で最古の山小屋である。この室堂小屋の管理は岩峅寺衆徒が行い、山銭とともに寝舎料を徴収した。

三山かけの道

禅定登山者は室堂に着くと、その日は同小屋に宿泊し、翌暁、衆徒に引率されて雄山山頂の峰本社を目指した。

禅定登山のコースには、室堂〜懺悔坂〜祓堂〜一ノ越〜五ノ越〜雄山（峰本社）の往復コースと、室堂〜浄土山〜一ノ越〜五ノ越〜雄山（峰本社）〜大汝山〜真砂岳〜別山（硯ヶ池）〜大走り・小走り〜賽の河原といったように、いわゆる「三山かける」と称し、峰々を縦走するコースがあった。

一ノ越〜五ノ越

鎌倉時代に増補された『伊呂波字類抄』十巻本には、立山の山容が仏の姿に譬えられ、一ノ越は膝、二ノ越は腰、三ノ越は肩、四ノ越は頸、五ノ越は頭とされている。

雄山と峰本社

雄山山頂には雄山神社の峰本社（大仙坊A本41）が鎮座する。江戸時代、この社殿は加賀藩が保護し、何度も建て替えを行ってきた。加賀藩の手による最後の社殿は万延元年（一八六〇）のもので、総欅造り・三間社流れ造りだった。

しかし、それが老朽化したので、平成八年に建て替えられた。立山では、山麓岩峅寺の前立社壇、芦峅寺の中宮に対し、頂上の社殿を峰本社と称して本社としている。

立山禅定登山の第一目的は、雄山山頂に到達し、峰本社に祀られた祭神の伊弉諾尊（主神）と手力雄命（副神）、すなわち本地の阿弥陀如来と不動明王を参拝することであった。この峰本社の創建年代は不明だが、大永四年（一五二四）の金銅製奉納札残欠が頂上付近で発見されている。また、現存する最古の棟札は寛永十八年（一六四一）のものである。

別山の硯ヶ池

立山曼荼羅には、立山禅定登山者が別山の硯ヶ池のほとりで、劒岳を遥拝する様子が描かれている（大仙坊A本42）。立山山麓の芦峅寺では布橋大灌頂の法会で使用した白布を経帷子に仕立てて信者に頒布したが、この布に版木で経文を刷り込む際、あるいは書き込む際、硯ヶ池の水を用いたという。

第六章　芦峅寺の祭礼

一　布橋

意味深い「はし」の言葉

私たちは日常生活のなかで何気なく橋を渡っているが、それは、古い時代の人々には、もっと意味深いものだった。

「はし」とは、ものの「端」と「端」をつなぐものが「はし」であり、水平的な橋や垂直的な梯子、食事に使う箸も、二つの世界やものをつなぐといった点では同義語である。

橋は二つの世界をつなぐと同時に、二つの世界の分離を意識させるものでもある。そうすると、橋上は二つの世界のどちらでもない不安定な場所となり、日常生活では想像もつかない不思議なことが起こる。だから、古来伝説に登場する橋は、異界（自分たちが慣れ親しんでいない領域。あの世は異界の一部）との境界、あるいは入口として表現されることが多かった。

橋の上では、たとえば、京都一条戻橋の死者蘇生譚（僧の浄蔵が父の葬儀に間に合わず、戻橋で父を蘇生させてしばらく言葉を交わした）にも見られるように、さまざまな神異や怪異が起こると考えられた。能舞台の橋懸もこの観念に基づき、異界からこの世（舞台）へ、神霊や亡霊が出現する際の通路とみなされている。

ところで、立山山麓の芦峅寺村にも、かつてこの世とあの世の境界として丹塗りの木橋が架かっていた。その橋は布橋と呼ばれ、芦峅寺の人々が、山中での畑作や狩猟など、日常生活のなかで渡り、また立山登拝者たちにも、山中に向かう際には、この道しかなかったので必ず渡った。

仏教的な布橋

布橋界隈の情景を見ていこう。立山道に従い、芦峅寺の宿坊街を立山方面に進むと、そこを過ぎた少し先の高台に閻魔堂がある。さらに、堂脇の明念坂を下ると媼谷川に行き当たり、そこには布橋が架かっている。布橋を渡ると、その先に媼堂や墓地がある。芦峅寺の人々には、この媼谷川とそれに架かる布橋がこの世とあの世の境界と信じられていた。布橋を渡る手前の閻魔堂側はまだこの世で、橋を渡った先の媼堂境内地や墓地、立山山中の領域はすべてあの世とみなされていた。

江戸時代、こうした布橋の特異性を活かし、芦峅寺一山の衆徒たちは、毎年秋の彼岸の中日に、閻魔堂と媼堂、そしてこの布橋を舞台として、女性の浄土往生をかなえるため、布橋大灌頂の法会を開催した。この法会では布橋は極楽浄土へ渡る掛け橋、すなわち、この世とあの世をつなぐ橋と観念されていた。

布橋の特異性は、その建築的特徴にも起因する。橋の各部分が仏教思想に基づくさまざまな数字に合わせて造られており、それを渡った人々の罪は消滅するものと考えられていた。橋の長さ二十五間は二十五菩薩（媼堂御拝より橋詰めまでの距離が二十五間で、それを二十五菩薩とする説もある）、高さ十三間は十三仏、幅二間のうちの実質幅九尺は九品の浄土、桁の数四十八本は阿弥陀如来の四十八願、敷板の数百八枚は百八つの煩悩の数、あるいは数珠玉の数、欄干の擬宝珠の数六個は南無阿弥陀仏の六字名号あるいは六地蔵菩薩、釘・鎹《かすがい》の数三万八千八本は法華経の文字数といった具合である。また、敷板の裏には仏の種子が墨書されていた。

図8　芦峅寺の布橋と立山

このように、布橋は宗教の橋そのもので、芦峅寺の縁起には、唐の天台山方向寺（天台山は現在の中国浙江省台州市に位置する。仏教・道教の有名な聖地）にある石橋（石梁飛瀑）に譬えられている。また、布橋は、高野山奥の院の御廟川に架かる無明の橋、伊勢の五十鈴川に架かる宇治橋とともに日本三霊橋の一つとされた。なお、伊勢の宇治橋の代わりに、山城国山崎の淀川に架かる山崎橋（奈良時代の僧の行基が架けたと伝えられる）や日光山の大谷川に架かる神橋があてられる場合もあった。

神道的な布橋

前項では、布橋が極楽浄土へ渡る掛け橋、すなわちこの世とあの世をつなぐ橋としての意味をもっていたこと、また、それが仏教思想に基づくさまざまな数字に合わせて造られていたことなどを述べた。それ以外にも、布橋は密教寺院の堂内に懸けられる金剛界曼荼羅と胎蔵界曼荼羅の、いわゆる両界曼荼羅に譬えられることがあった。このような話を聞くと、布橋は何だか仏教だけの橋のように思える。だが一方で、布橋は神道的な橋でもあり、神仏混淆していた。

芦峅寺一山会や芦峅寺雄山神社所蔵の古文書をはじめ、布橋の擬宝珠や橋札などの銘文から、布橋が近世初頭にはすでに架けられていたことがわかる。当時は媼堂の手前を流れる媼谷川に架かっていたので、単純に「媼堂の前の橋」と呼ばれていた。まるで媼堂の付属施設のような名前である。それが江戸時代中期頃になると、人々の間で「天の浮橋」という神道的な名前で呼ばれることが一般的となり、その後も長く続いた。そして、現在一般的に知られる布橋の名前で呼ばれるのは江戸時代後期からである。

名前が天の浮橋から布橋に変わっていくのは何故か。

江戸時代前期、芦峅寺一山の宗教者数は神道的な社人が仏教的な衆徒よりも断然多かったが、同時代中期頃を境に逆転し、衆徒が圧倒的に多くなった。そして、のちの芦峅寺では、衆徒を中心にした仏教的世界が優勢となったからであろう。また、それに影響され、布橋大灌頂の儀式が神道的なもの（祭礼）から次第に仏教的なもの（法会）になり、その内容も整備され、芦峅寺を経済的に潤す重要な行事に発展した。それは衆徒たちによって地元や各国の布教地で強力に宣伝され、認知されたため、橋の名前も布橋が一般的になったのだろう。

ところで、先述の「天の浮橋」についても、さまざまな言い伝えがある。『古事記』や『日本書紀』の神話を見ていくと、大昔の人々は、天上と地上とをつなぐ通路として天の浮橋が架かってお り、そこを神々が昇り降りして通行するのだと信じていたようである。こうした天の浮橋が登場する有名な神話は、伊弉諾尊（イザナギ・男性神）と伊弉冉尊（イザナミ・女性神）の二神による国産みの神話である。天地の始まりの時、国はまだ形が整っておらず、水に浮く脂だとかクラゲのように、海上をふわふわと漂っていた。そこで、天の神々はイザナギとイザナミの二神に、天の沼矛という聖なる道具を授け、漂う国土の修理・固成を任せた。神々の命を受け、二神は天と地の間に架けられた天の浮橋に立ち、天の沼矛を下界の海に刺し降ろし、海水をコヲロ、コヲロと掻き回すと、矛の先から滴り落ちた塩が積もって、オノコロ島ができた。二神はその島に降り立ち、聖なる御柱と広い宮殿を建てて結婚した。そして、つぎつぎと子どもである日本の島々や本土を産んでいった。

以上が天の浮橋にまつわる神話であるが、芦峅寺の人々は長い間、布橋をこうした天の浮橋の名前で呼び親しんできた。当然そこには、布橋を神々の降り立つ橋として崇める信仰があったはずだ。

また、芦峅寺には天の浮橋と同様、神が降り立つとされた磐座が、布橋を渡った先の媼堂の近くに祀られていた。その磐座は「影向石」（大仙坊A本43）と呼ばれ、芦峅寺では柵で囲って祀り、大事にされてきた。その様子は芦峅寺系の立山曼荼羅にも描かれている。芦峅寺の天の浮橋や影向石には、芦峅寺における仏教以前からの神道的な世界を見出すことができる。

二　媼　尊

大日岳の山の神を起源とする芦峅寺の媼尊

立山山麓の芦峅寺と岩峅寺は、ともに立山信仰にかかわる宗教村落だが、その基層の信仰内容は大きく異なる。端的に言うと、芦峅寺は媼尊信仰が基層であり、岩峅寺は刀尾天神信仰が基層である。だから、芦峅寺の布橋大灌頂も含め、同寺の立山信仰の内容を理解するには、その基層の媼尊信仰をみていく必要がある。以下、それについて紹介したい。

江戸時代、媼谷川の左岸、閻魔堂の先の布橋を渡った所に、入母屋造り、唐様の媼堂が立っていた。堂内には本尊三体の媼尊像が須弥壇上の厨子に祀られ、さらにその両脇壇上には、江戸時代の日本の国数にちなみ、六十六体の媼尊像が祀られていた。その姿は乳房を垂らした老婆で、片膝を立てて坐す（図9）。容貌は醜悪で、髪が長く、目を見開き、なかには口をカッと開けたものや般若相のものもあり、いかにも恐ろしげである。現存の像は、いずれも南北朝時代（現存最古の媼尊は永和元年〔一三七五〕に成立したものである）から江戸時代にかけて造られている。芦峅寺の人々はもとより、越中国主佐々成政や加賀藩初代藩主前田利家らの武将たちも、この異形の媼尊を芦峅寺で最も重要な尊体と位置づけ、信仰してきた。では、なぜ媼尊はそれほどの意味をもっていたのだろうか。

芦峅寺が立山信仰の宗教村落になる以前から、同村には猟師や杣・木挽などの山民や、焼畑農民が存在しており、彼らはいずれも「山の神」を信仰していた。山民が信仰した山の神は絶えず山に常住し、山の自然（山に棲息する生物）の支配者としての性格をもっていた。一方、焼畑農民が信仰した山の神は、自然神の性格に加え、たぶん作神（山中と山麓を行き来し、一年の農作の推移を見守り、豊穣をもたらす）の性格も兼ね備えていた。そして、いずれにしろ、彼らの山の神は女性神でたくさんの子どもを産み、恐ろしい性格の持ち主だと信じられていた。芦峅寺の媼尊は、まずこうした山の神に端を発すると考えられる。

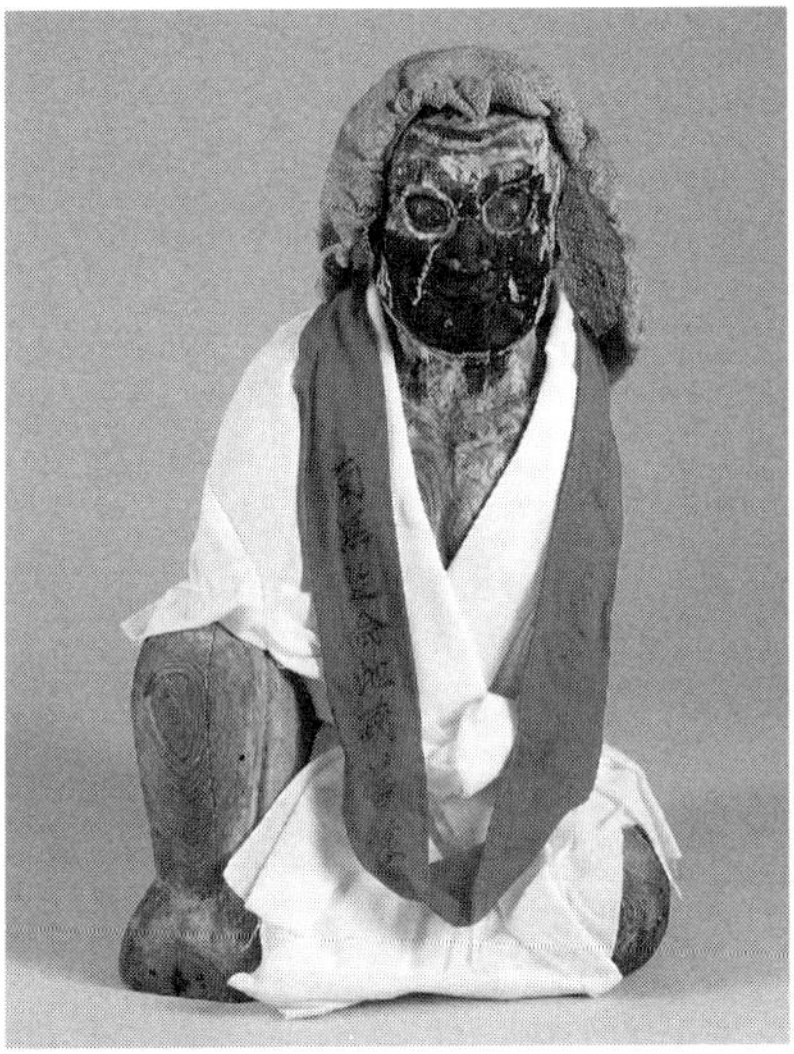

図 9　木造媼尊坐像
（芦峅寺閻魔堂蔵／富山県指定文化財）

　また、山民のなかには特別な霊力をもち、山の神と交信できるシャーマンがいた。前に述べたように、立山開山者の佐伯有頼についても、実際には山民のなかに存在したシャーマンが立山を開いたはずなのに、のちの縁起で脚色され、貴族の佐伯有頼が開山者にされたものであろうと考えられる。他の霊山でも、山民が先に開山したのに、あとから山に入って来た高僧に山を譲り、名目的には高僧の開山になるといった事例が多く見られる。そうなると、山民の基層信仰が影を潜め、高僧のもたらした仏教信仰のみが前面に立つ場合が多い。しかし芦峅寺では、仏教信仰が次第に強くなっても、たとえば開山縁起にしっかりと狩猟にかかわるイメージが織り込まれていることなど、土着の山民や焼畑農民の信仰が相当強力で、それが仏教信仰を抑えながら堂々と前面に立っていた。その象徴が媼尊だった。

こうした状況は、芦峅寺集落内における媼堂と講堂の配置のあり方にもよく表れている。すなわち、芦峅寺では媼谷川、およびそれに架かる布橋をこの世とあの世の境界として、この世側（里側）に阿弥陀三尊を祀った講堂が建てられ、あの世側（山側）に媼尊を祀った媼堂が建てられていた。本来、阿弥陀如来は来世の救済仏であるから、それを祀る講堂はあの世側に建てられてしかるべきである。しかし、そこにはすでに土着の山民や焼畑農民らの信仰に端を発する媼尊がどっしりと腰を据えており、びくともしない。結局、阿弥陀は媼尊にとって代わることもできず、あの世の領域から閉め出されるようにして、不自然ながらこの世の領域に祀られたのである。阿弥陀をも追いやる媼尊、その霊威はさぞかし強力だったに違いない。

立山信仰史のなかで、たとえばこの媼尊をはじめ、芦峅寺に定着した山間修行者がもたらしたと推測される不動明王や、『今昔物語集』の立山地獄説話にもかかわりがみられる帝釈天など、古くから登場する諸尊はいずれもあの世側に祀られている。一方、その後の十王信仰や浄土教の流布で芦峅寺にもたらされた閻魔王などの諸尊や阿弥陀三尊、立山開山慈興上人などはこの世側に祀られている。こうした配置から、芦峅寺集落では媼堂側の境内地が講堂側の境内地よりも古くから形成されており、山側から里側へ向かって宗教施設が拡充されていったと推測される。

ところで、芦峅寺の山民や焼畑農民にとって、山の神の代表格は大日岳の山の神だったに違いない。それは、彼らの中心的な活動場所が、主に大日岳に連なる山々だったからである。こうした大日岳の山の神は、媼堂の近くに祀られた影向石に降り立つとされた。彼らは、その磐座に降り立つ精神的で目に見えない山の神に対し、遅くとも南北朝時代の頃までには、子供を産む母性的な山の神のイメージや、そうした山の神に仕えるシャーマンのイメージ、次項で述べる三途の川の奪衣婆のイメージなどを具象化して媼尊像を造立し、さらにそれを、影向石の近くに堂（のちの媼堂）を建てて祀ったものと考えられる。

十王信仰の奪衣婆に習合した芦峅寺の媼尊

前項で、芦峅寺の媼尊は、当地の山民や焼畑農民が信仰した大日岳の山の神に端を発すると述べた。媼尊がそうした山の神の性格を備えていることは、それと不可分の関係にある水の神の性格をも備えていることを意味する。すなわち、媼尊は芦峅寺集落の背後にそびえる、来拝山の水分神（水の神）の性格も兼ね備えていたのである。

来拝山の山腹に「蛇ワミ」という所がある。「蛇」は日本では古くから水の神の象徴として崇拝され、あるいは畏怖されてきた動物である。また、「ワミ↓ハミ」は蝮《まむし》の異名である。だから蛇ワミは、水分神がいる所ということである。

ここを水源地として、媼谷川が芦峅寺集落の東端を流れている。この川の中流域には湿地や湧水地が多く、芦峅寺の人々は、この川の水を生活水として利用した。しかし時には暴れ川にもなり、江戸時代には布橋の土台の石垣をたびたび壊している。

このように、芦峅寺の人々には、媼谷川は水分神が支配し、恵みと迷惑の両方をもたらす川だった。そのため、その水分神を媼谷川下流の芦峅寺集落に迎えて祀ったものが、同寺の媼尊だった。だから媼尊は、前項で指摘した山の神の性格と水分神の性格を兼ね備えていた。水分神のいる来拝山は大日岳山塊の最末端にあたり、媼尊の起源である山の神と水分神の二神は、根本的に大日岳の山の神と言えよう。

それではなぜ、来拝山の水分神は媼尊の姿をとりえたのか。それを考えるには姥神の性格をみていく必要がある。

姥神は、一般的に子どもの守り神として信仰されたが、その伝説には水辺にかかわるものが多く、姥神は水の神であるとも考えられていた。たとえば、姥が水中に落ちた子どものあとを追うといった入水伝説や、あるいは姥ヶ淵・姥ヶ池といった、水辺にかかわる地名が全国各地に見られるのもその表れである。さらに、水にかかわる伝説から派生し、淵・池・井戸などの底が、この世とあの世の境界をイメージさせ、姥神が生と死との境を守る神としても信仰されるようになった。このような姥神の水の神としての性格に基づき、来拝山の水分神は媼尊の姿をとりえたと考えられる。

こうした山の神と水の神に端を発した芦峅寺の媼尊は、その後、同村が宗教村落として宗教者主導の村に変わっていくと、鎌倉時代の頃から日本で盛んになった外来の十王信仰の影響を受け、南北朝時代の頃までには、三途の川の奪衣婆と習合した。芦峅寺では、同寺の閻魔堂に現存する木造の閻魔王坐像や媼尊坐像などが物語るように、南北朝時代までには十王信仰が受容され、村の主要な信仰となっていた。同寺が十王信仰を重視した背景には、立山が地獄の山として、平安時代からすでに人々に知られていたことがあった。こうした芦峅寺の十王信仰の受容時期から考えると、現存最古の永和元年の媼尊像も、その姿や容貌はおおむね、奪衣婆のそれであろう。ただし、当時の媼尊は、前述の山の神や水の神の性格を強く帯びていたに違いない。

江戸時代、奪衣婆の信仰が庶民に広まり、ますます盛んになるにつれ、芦峅寺の媼尊も奪衣婆そのものになっていった。だが、妖怪的な奪衣婆では、芦峅寺の中心尊として格好がつかない。だから衆徒たちは媼尊の縁起を作り、それに仏教の尊格を当てた。まず媼尊を立山大権現の親神とし、次に阿弥陀如来、釈迦如来、大日如来、不動明王などの本地を説き、それが垂迹して、醜いけれども奪衣婆的な媼尊の姿で衆生を救済するのだとした。

三　布橋大灌頂

加賀藩藩主夫人の布橋儀式

江戸時代の慶長十九年（一六一四）八月、加賀藩初代藩主前田利家夫人芳春院（松）と加賀藩第二代藩主前田利長夫人玉泉院（永）が芦峅寺に参詣し、滞在中に同寺媼堂の前の媼谷川に架かる橋に布橋（橋板の上に白布を敷き渡した）を掛け、何らかの宗教儀式を行っている。『加賀藩史料』に見えるこの記載が、芦峅寺の布橋に白布を敷き渡して行った儀式の、文献上の初出である。

この年の五月、利長が亡くなり、六月にその母・芳春院は長年にわたる江戸での人質生活から解放され、金沢に戻ってきている。同年十月には大坂冬の陣が勃発し、翌年（慶長二十年〔一六一五〕）の大坂夏の陣、さらには豊臣家の滅亡へと向かい、当時、豊臣家ととくに関係が深かった前田家にとっては、まさに激動の時期であった。こうした情勢を考慮し前述の布橋儀式の意味を推測すると、次の三つが挙げられる。①利長の追善供養、②生前に自分自身を供養する逆修供養、③大坂冬の陣など政情不穏な時期を控え、古くから軍事上意味のある芦峅寺の衆徒を懐柔しておく、といったことである。

こうした加賀藩藩主夫人たちの布橋儀式が契機となったのか、あるいは、それ以前から芦峅寺で布橋儀式が行われていたのかは、史料的に不明である。しかし、これ以降も芦峅寺では、布橋を利用して何らかの宗教儀式が継続的に行われており、江戸時代後期には、いわゆる「布橋大灌頂」として、芦峅寺の最も重要な年中行事に発展している。

江戸時代天保期の布橋大灌頂法会

江戸時代の立山は女人禁制だった。そのため芦峅寺の衆徒たちは、女性の参詣者に対し、禅定登山に代わるものとして、毎年秋の彼岸の中日に「布橋大灌頂」と称する女人救済の法会を勤めていた。法会の日が近づくと、芦峅寺には加賀藩領国内外から多くの参加者や見物人が訪れ、各宿坊などで準備を整え、法会の開始を待ちわびていた。以下は、芦峅寺文書のうち天保十三年（一八四二）「諸堂勤方等年中行事外数件」に見る、いわば最も華やかなりし天保期の頃の布橋大灌頂の様子である。

法会は正午から始まるが、事前に衆徒や日雇いの門前百姓が諸準備を行う。まず、会場となる閻魔堂（**大仙坊A本45**）や媼堂（**大仙坊A本44**）、布橋（**大仙坊A本46**）やその界隈を大掃除し、閻魔堂から布橋を経て媼堂まで、白布を敷き流して三列の白道を造る。それには衆徒が勧進活動で信者から得た三百六十反の白布が使用される。この白道は法会の舞台なので、一般見物人が入れないように両側を竹垣で囲む。次に布橋の上では、両側の欄干に六本の幡（旗の一種）や六十八本の桜の造花、千挺の蠟燭を立てて飾りつける。このほか、閻魔堂や媼堂の軒先に、前田家の家紋入り大提灯をさげ、閻魔堂手前の玉橋から媼堂までは三百八十の万灯（灯籠型提灯）と小灯を灯す。これで、

図10　1996年第11回国民文化祭立山フェスティバル
布橋大灌頂法会の現代的復元（女性参詣者が引導師式衆に導かれて布橋を渡る場面）

日中でも薄暗い森のなかの会場は、灯の光で幻想的に演出される。媼堂内では本尊に対するお供えのほか、須弥壇上に小袖や帯、白布を掛け供える。

こうして、すべての準備を整え、出勤の衆徒や社人が沐浴したあと、いよいよ正午から布橋大灌頂が開始される。

法会を勤める衆徒たちを式衆というが、なかでも中心的に法要全体を導く役を導師という。この法会では、衆徒のうち高位の院主と阿闍梨が、それぞれ導師として、参加者をあの世で迎える来迎師と、参加者をこの世から送り出す引導師を勤める。

まず、参加者は閻魔堂に入れられる。堂内で引導師が懺悔戒文という文句を唱える間、参加者は各自の罪を懺悔する。次に、引導師が三昧耶戒文という文句を唱えるが、これは参加者が灌頂を受ける前に授かるべきもので、そこには、参加者に対し、各自がもつ仏性（一切の衆生が備えている仏になれる本性）に目覚めさせる意味がある。さらに、仏の金剛界大日如来を讃える詩文を唱え、法華経を読み、諸真言（呪文）を唱える。

閻魔堂での法要が一通り終わると、参加者は引導師や式衆に導かれ、声明曲や楽器（鈸《はち》・錫杖・法螺《ほうら》・鐃《にょう》・引磬《いんきん》）の音、あるいは蠟燭や万灯の光で荘厳されたなかを、白布の上を歩いて布橋へ向かう。幕末には雅楽も持ち込まれ、一層賑やかになった。そして、ついにこの法会のメイン・イベントである布橋の上での灌頂行道、すなわち「行渡講」が行われる。参加料は最低十匁だった。

布橋の閻魔堂側の袂から橋の中央に向かって、引導師が率いる式衆（大仙坊Ａ本47）の一群が高位の順に立ち並び、逆に媼堂側の袂から橋の中央に向かっては、来迎師が率いる式衆（大仙坊Ａ本48）の一群が高位の順に立ち並ぶ。橋の両端の真ん中には引導師と来迎師が向かい合って立ち、修法を行う。それが終わると、参加者は橋上の式衆たち総勢百十数名に白道の両側を囲まれ、楽器の音が響くなか、二人の手引きの小僧に導かれて、布橋上の白道を渡る。

布橋での行渡講が終わると、参加者は媼堂に入れられる。堂内では式衆が天台系の四箇法要（四つの声明曲の唄・散華・梵音・錫杖を軸に組み立てられた法要）を勤める。さらに、来迎師が参加者に血脈を授与し、最後に説法をした。

血脈とは、正しい宗教の秘法が伝授された証明となる護符である。特に芦峅寺の血脈は折り込み袋の形式をとり、表面には「血脈」と「変女転男」の文言が摺り込まれ、袋のなかには百三十六巻（のちに一千巻）の血盆経寿納を意味する内符が折り込まれていた。この功徳によって、女性は血の池地獄に墜ちることを免れ、女性から男性に生まれ変わり、速やかに浄土往生がかなうとされていた。

女性の参加者は、この法会に参加することで死後の浄土往生が約束され、生まれ清まった気持ちで日常の生活に帰って行ったのだという。

擬死再生儀礼としての布橋大灌頂法会

布橋大灌頂の根底には、日本の修験道にみられる、いわゆる「擬死再生」の信仰が存在する。同用語は仏教民俗学者の五来重氏の造語だが、氏の提唱するその概念は次のようなことである。

修験道信仰では山を他界とし、これを浄土または地獄にあてた。山の中に入るということ、入峰するということは、死ぬことである。そこで山伏は、死後の地獄・餓鬼・畜生の三悪道、あるいは六道の責め苦を抖擻の苦行で果たすことによって、生前のあらゆる罪や穢れを浄化滅罪する。そして入峰を終えて山から出るときには、生まれかわった人格となる。すなわち古い生命人格は山中他界で死んで、新しい生命人格として再生する。以上が五来氏の説く擬死再生信仰の概要である。

立山に翻ってみると、江戸時代、男性の禅定登山者は、衆徒や中語（立山禅定登山の際、室堂まで登山者の荷物を運んだり道案内をする人々。芦峅寺や岩峅寺の宿坊の次男・三男や門前百姓、時には他村の百姓も中語となった）に導かれて立山山中に入り、その間、擬似的な死者となる。そこで、六道のさまざまな責め苦を、精神的・肉体的な負担を伴う修行登山の形で体験することによって、みずからの罪や穢れを浄化滅罪し、山から出るときには生まれ清まりの再生を遂げる。こうした体験をした人は、余生の安穏や長寿、死後の極楽往生が約束されたのである。

図11　立山曼荼羅『日光坊本』 布橋大灌頂の場面だけが描かれた作品（個人蔵）

しかし、江戸時代の立山は女人禁制であり、女性は擬死再生の禅定登山ができなかった。そこで芦峅寺の衆徒たちは、男性にだけ許された禅定登山の代替えとして、女性には山麓の自村で、擬死再生信仰が根底にある布橋大灌頂を開催した。ただし、芦峅寺の古文書によると、実際にはこの法会には男女の両方が参加していた。このギャップは、芦峅寺衆徒が立山や自村を女人往生の霊場として日本各地で喧伝しており、布橋大灌頂も女性の極楽往生をかなえる法会であることが、ことさら強調されたことによるものだろう。

女性の参加者は、この世の閻魔堂で懺悔の儀式をすませ、その後、この世とあの世の境界である布橋を渡って滅罪し、あの世の媼堂に入る。媼堂には大日岳の山の神に端を発する媼尊が祀られているので、おそらく儀式の際、この堂は立山のミニチュアに模され、さらに堂内は山中に模されていたのだろう。参加者は、堂内で衆徒が行う天台系の四箇法要や血脈の授与、説法などの儀式を受け、いったん、仮に死んだことにし、その後、媼堂を出て布橋を渡り、この世に戻ると、生まれ清まりの再生を遂げたことになった。

ところで、この媼堂での法要については、富山の郷土史家草野寛正氏が、昭和四年（一九二九）頃、かつて芦峅寺衆徒だった佐伯十百作氏（安政四年〈一八五七〉生まれ）から聞いた話を論文にまとめたものが残っている。それは次のような内容である。

男女の参加者が媼堂の中に鮨詰め状態で押し込められると、堂のすべての扉が閉ざされ、真っ暗闇になる。その中で衆徒の読経が始まると、参加者は扉や鐘を叩きながら、それぞれが自家の宗派の念仏や題目などを唱える。小半時（一時間弱）して堂の扉は一斉に開かれ、暗闇の世界は一転する。そこには光明世界、すなわち極楽浄土が出現する。このように、たいへん賑やかそうでドラマチックな内容である。ただし、これについては芦峅寺の古文書などから推測される儀式内容と必ずしも一致せず、いまだ謎の点も多い。いずれにしろ、参加者が媼堂で何らかの儀式を受け、自身の罪や穢れを消滅させ堂を出たときには、生まれ清まりの再生を遂げたことに違いはない。

なお、この布橋大灌頂と類似した法会には、羽黒修験の秋の峰入りや真言宗の結縁灌頂、当麻寺（奈良県）や浄真寺（東京都）、泉涌寺即成院（京都市）で開催される迎講、あるいは沖縄久高島のイザイホー行事などが挙げられる。

布橋大灌頂がもつ宗教的な意味を参加者の立場で考えると、この法会は逆修供養になるものだった。逆修とは、生前にあらかじめ、死後に修すべき自分のための仏事を行って冥福を祈ることである。自分の死後、他の人に行ってもらうよりも、功徳が優れていると考えられていた。この法会に参加した人々は、必然的に自分自身の逆修供養を勤めたことになるのである。

布橋大灌頂にみる儀式内容の変遷

芦峅寺衆徒の間で、「布橋大灌頂」の名称が一般的に使われるのは、江戸時代後期からである。それ以前、この儀式の名称は「布橋」であり、「灌頂」の用語はつかない。また衆徒の間では、布橋は祭礼（神事）として、布橋大灌頂は法会（仏事）として勤められていた。このことは、布橋大灌頂が江戸時代中期から後期にかけて、神道的な祭礼から仏教的な法会に変容したことをうかがわせる。

ところで、布橋大灌頂の「灌頂」の用語だが、これは古代インドで国王の即位の際、四方の海の聖水を受者の頭頂に注ぎ、その権威を承認していたことが起源とされる。のちに真言密教では、こうした行為をその秘密儀礼に取り入れている。すなわち、師が弟子に仏法の教えを授ける際、仏の五種類の知恵を象徴する香水を師が弟子の頭頂に注ぎ、仏の位を継承させたことにしているのである。なお、この灌頂の儀式には、結縁灌頂（あらゆる人々に仏縁を結ばせ、本来具有する仏性を目覚めさせるために行う）、受明灌頂、伝法灌頂の三種類がある。このうち、布橋大灌頂の「灌頂」は結縁灌頂に当たる。

布橋大灌頂の儀式には、こうした真言密教の灌頂とは異なり、古くから民間の習俗として行われていた流れ灌頂の観念もみられる。この儀式は、日本人が古くからもっていた、水の洗浄力や流水の力で罪穢を祓い浄めることができるとする「禊」の観念に、密教の灌頂が結びついて成立した。以下は流れ灌頂の概要である。

かつて、産死した女性は死の穢れに加え、血の穢れや産の穢れにもまみれており、それゆえ、その罪や穢れは通常の死者よりも重く、必ず血の池地獄に堕ちると信じられていた。こうした民間信仰を背景に、江戸時代、芦峅寺では産死をはじめ、さまざまな異常死を遂げた死者を供養するため、毎年六月七日に同寺の衆徒たちによって、流れ灌頂（吉祥坊本8）の法会が勤められていた。

芦峅寺一山の天保十三年（一八四二）の「諸堂勤方等年中行事外数件」によると、法会の当日、衆徒たちが五色の幡（旗）五つのほか、大塔婆一基と六道塔婆六基、小卒塔婆四十九本、さらに経木と樒の葉を挟んだ縄六本を用意している。そして、それらをまず媼堂に供え、同堂で老僧たちが供養の法会を勤める。次に、布橋下の媼谷川に降り、卒塔婆・幡・縄などを媼谷川の中に立てて流し晒した。

一方、富山の民俗学者伊藤曙覧氏の調査によると、芦峅寺では明治まで、彼岸と盆に寺の行事として流れ灌頂を盛大に行い、きれいな川へ出て塔婆を立て、竹四本に白布をかけ、布に水をかけていたという。なお、芦峅寺以外の地域では、単なる白布ではなく、経文などを記した布や赤布が用いられた場合も多かったが、これは、布の文字や色が褪せて消える頃に死者が成仏できると考えられていたからである。こうした卒塔婆などの川流しの様子は、芦峅寺系の立山曼荼羅に描かれている。

以上のように、布橋大灌頂の儀式には、流れ灌頂と真言密教の結縁灌頂の二種類の観念がみられる。ただしこの儀式は、元来、流れ灌頂のように、川の水で罪穢を洗い浄めるといった素朴な民間信仰から出発したと推測される。あの世の立山山中に向かう人々は、布橋が架かる以前、媼谷川を濡れながら歩いて渡った。その行為が聖域に入る前に罪穢を祓い浄めることになり、媼谷川も禊川の意味をもった。しかしのちに布橋が架かり、仏教の功徳がこもった布橋を渡ると滅罪したことになり、かつての流れ灌頂的な滅罪儀礼の代わりとなった。さらにその後、真言密教の結縁灌頂の観念が江戸時代後期に取り込まれ、前項で紹介したような、完成度の高い法会となった。

布橋大灌頂法会と二河白道

芦峅寺の布橋儀式は時期によって変遷を見せるが、そのなかで変わらないのは、儀式の際、布橋に白布を敷き渡した点である（大仙坊A本46）。こうしてできた白道は、中国で唐の時代に浄土教を大成した善導が、人々に極楽往生を勧めるために説いたという、「二河白道」の比喩物語をイメージさせる。この物語は善導の『観無量寿経疏』「散善義」に収められ、浄土往生を求める行人が異端邪説に迷わされず、釈迦如来の勧めと阿弥陀如来の招きを信じ、念仏一筋に勤めるとき、浄土往生することを示している。その内容は次の通りである。

群賊・悪獣（煩悩に執着した衆生を象徴する）に追われた行人が、死を免れるために西へ向かって逃げて行くと、行く手を阻むように二河が流れている。ひとつは水の河（人間の貪欲を象徴する）で北側を流れ、もうひとつは火の河（人間の怒りを象徴する）で南側を流れている。二河を挟んで、こちらの岸は現世の裟婆世界（東）、向こう岸は極楽浄土（西）である。

川幅は百歩ほどだが、底なしに深く、南北に延々と続いている。だが、二河の中間に幅四・五寸の白道（浄土往生を願う清浄心を象徴する）が一筋存在している。行人はこれを渡ろうとするが、水の河の波浪と火の河の火焔が白道に激しく覆い被さり、そこから落ちて死ぬことを怖れ、躊躇してしまった。背後には、群賊・悪獣が行人を殺そうと迫り来る。河に沿って逃げても、やはり悪獣・毒虫に襲われてしまう。行人は進退きわまり、まさに絶体絶命である。

いよいよ行人が白道を渡ることを決意すると、こちら岸のどこからか、釈迦如来の渡河を勧め励ます声が聞こえてきた。一方、対岸からは阿弥陀如来の招き迎える声が聞こえてきた。行人が決心して白道を渡りかけると、背後から、群賊・悪獣たちの戻るように誘う声が聞こえてきた。しかし、行人は躊躇せず、釈迦・弥陀の願意を信じて、一心に念じながら白道を進んだ。すると、たちまち西岸に渡り着き、災難は消え去り、行人は彼を迎える善友たちと喜び、楽しみをともにしたという。

芦峅寺の伝承では、布橋大灌頂の参加者は白布が敷き渡された布橋を目隠しをして渡ったが、信心が薄く、邪心のある者は、布橋が細蟹《ささがに》（クモのこと。また、クモの網）の網糸より細く見えてうまく渡れず、橋から媼谷川に転落し、その川に棲む大蛇（大仙坊A本49）に巻かれて死んでしまうという。この様子は立山曼荼羅にも描かれているが、何となく前述の「二河白道」の物語が思い出される。

四　三途の川の奪衣婆と経帷子

人は死ぬと極悪・極善でない限り、冥途への旅をしなければならない。最初の難関は死天（出）の山である。死者は、険しい山道を飢えや寒さ、獄卒たちの呵責に耐えながら越えて行く。何とか山を越え、初七日には十王の一番目である秦広王（本当の姿は不動明王）の庁にたどり着く。そこで秦広王の裁きが終わると、二七日つまり十四日目に二番目の初江王（本当の姿は釈迦如来）に裁かれるが、その庁に向かう途中で、三途の川（葬頭河・三瀬河・奈可津ともいう）を渡らなければならない。この川には、山水瀬と江深淵、橋渡の三カ所の渡り場があり、死者は生前の罪業の軽重によっていずれかに定められる。山水瀬は膝ほどの深さであり、罪の軽い亡者が渡る。江深淵は流れが速いうえに波も高く、悪人の亡者が渡る。橋渡は橋が架かっており、善人だけが渡る。死者は鉄棒を振りかざす獄卒に追われ、あるいは悪龍の棲む急流に投げ込まれ、それぞれの罪業に見合った瀬を渡って行く。

死者が三途の川を渡り終えると、岸辺には衣領樹と呼ばれる木が立っており、その側で奪衣婆と懸衣翁の二鬼が死者を待ち受けている。奪衣婆が死者の衣を奪い取ると、それを懸衣翁が衣領樹の枝に懸ける。もし死者が衣を着ていないと、生皮を剝いで懸けるという。そして枝の垂れ方で、死者が現世で犯した罪業の軽重を量るのである。すなわち、罪業の重い死者ほど、三途の川の深瀬を渡らなければならず、ずぶ濡れになり、必然的に衣も重くなって、枝が垂れるという仕組みである。こうして量られた死者の罪業は奪衣婆から初江王へ報告され、裁きの資料にされた。

以上の説話は中国・唐の時代の『預修十王生七経』をもとに、平安時代末期に日本で作られた偽経『地蔵十王経』やその解説書『十王讃歎鈔』に説かれており、信仰自体は鎌倉時代以降に盛んになった。こうした三途の川と奪衣婆に対する恐怖から、江戸時代には、死者に経帷子（お経の文言が刷り込まれた死に装束）を着せるか棺の中に添えるかして、死者が奪衣婆に生皮を剝がれないようにするといった民間信仰が各地で見られた。

芦峅寺衆徒はこうした信仰に対し、諸国の檀那場で立山信仰を布教して廻った際に、護符とともに経帷子も頒布し利益を得ていた。たとえば宝泉坊などは、江戸の檀那場で毎年八十枚前後の経帷子を頒布し、三十両前後の収入を得ている。

芦峅寺の各宿坊家では、十一月頃から経帷子を制作し、その際、家族の女性たちが裁縫を担当し、できあがった帷子に男性たちが木版で種子（仏を示す梵字）や経文を刷り込んでいった。材料の白布は、布橋大灌頂で使用された麻や木綿の布で、さらに種子や経文を刷り込むときには、立山別山の硯ヶ池の霊水を使用したという。

経帷子の本体には金剛界と胎蔵界の大日如来の種子をはじめ、滅罪や福楽、諸願成就に功徳がある呪文、あるいは観音経や阿弥陀経、法華経などの経文が種子で刷り込まれた。また経帷子に付属の手甲や脚半、頭陀袋にもさまざまな呪文が種子や漢字で刷り込まれた。

芦峅寺系立山曼荼羅には、奪衣婆と衣領樹の図像（大仙坊Ａ本50）が必ず描かれている。そして、その場所はいずれの作品でも媼堂の脇や裏側であり、構図のうえでは布橋大灌頂の場面にほぼ取り込まれている。こうした構図は、芦峅寺衆徒が檀那場で信徒に経帷子を頒布する際、その材料の白布が滅罪儀礼の布橋大灌頂に使用されたものであって、その功徳が大きいことを強調するためのものであろう。

五　立山大権現祭

立山大権現祭の儀式内容

芦峅寺系の立山曼荼羅には、獅子頭を先頭に、芦峅寺の衆徒や社人が神輿とともに練り歩く様子や、それを見物する人々が描かれている。これは江戸時代、毎年旧暦の六月十四日と十五日の両日、芦峅寺で行われた夏の大祭、すなわち立山大権現祭（大仙坊Ａ本51）を描いたものである。この祭礼は、芦峅寺の大宮奥院や若宮、講堂、大宮拝殿などの施設とその境内地を会場として、同寺の衆

図12　芦峅寺絵図　6図のうち第3図〔芦峅寺境内立山大権現・本社大宮・若宮図〕（金沢市立玉川図書館蔵）

徒や社人、岩峅寺の衆徒らによって執行された。以下、芦峅寺一山の文政十二年（一八二九）「当山古法通諸事勤方旧記」や天保十三年（一八四二）「諸堂勤方等年中行事外数件」、金沢市立玉川図書館所蔵「芦峅寺絵図」（図12）などから、祭礼の様子を概観したい。

　芦峅寺衆徒にとってこの祭礼には、立山権現と立山開山の佐伯父子を祀る意味があった。まず、十四日の様子である。芦峅寺の衆徒と社人は、正午前に大宮奥院と若宮へ集まる。正午になると、両宮の座主が各宮の神座から立山峰御前大権現（大宮）と立山地主権現（若宮）の神霊、そして立山開山者の佐伯有頼（若宮）とその父有若（大宮）の御霊を、それぞれ二基の神輿に遷す。

その後、二基の神輿は衆徒や社人らとともに両宮から講堂まで練り歩き、そこで合流すると、さらに講堂の周りを右回りに三周する。その際の配列は先頭から、①露払いの陰陽師が扮する獅子頭、②社人、③鉾持ち、④若宮座主、⑤若宮神輿、⑥鉾持ち、⑦大宮座主、⑧大宮神輿、⑨衆徒、といった順であった。

神輿練りが終わると、社人が講堂前の大きな湯立て釜を使って湯花神事を行う。大釜で熱湯を沸かし、祝詞を読みながら幣帛で湯を掻き回し、最後に参拝者たちに湯を飛ばす。湯にかかれば病気にならないとされた。

湯花神事が終わると、二基の神輿を講堂前から拝殿に遷す。拝殿の中では、向かって右側に大宮神輿、左側に若宮神輿を配置し、両神輿に宿る神霊や御霊に対して、法楽神楽（神に奉納する神事芸能。音楽歌舞を奏して神を祀る）を奉納する。拝殿での座配は、神輿正面の一列目に芦峅寺の両宮座主が座り、二列目には岩峅寺の御供僧二名が座った。また、神輿に向かって左側に芦峅寺衆徒、右側に芦峅寺社人が座った。そして、大宮と若宮の両座主が祝詞を読み、衆徒らが法華経や般若心経を読んで儀式は進む。さらに、社人らが神号や中臣大祓（人が知らないうちに犯した罪や穢れを除去し、それによって災厄を避けることを目的とした大祓の詞）を唱え、最後に神楽を演じた。夜には、佐伯有頼の御霊を大宮の父有若のもとに遷し、そこへ衆徒やその家族が蠟燭を持って参詣した。

この祭礼には、部分的に岩峅寺衆徒も参拝している。同寺の二十四宿坊の衆徒と四名の稚児が午前十時に芦峅寺を訪れ、講堂に集まる。

まず、佐伯有頼（慈興上人）の木像を祀る開山堂に五字経を奉納し、正午から講堂で法要を勤める。また、のちに二基の神輿が講堂の周りを練り歩く際、岩峅寺の大別当・小別当の衆徒二名は、御供番としてお神酒と菓子を持ち、講堂の東方に立って待機する。やがて、拝殿で芦峅寺衆徒が神楽を演じる際には、この御供番が拝殿に向かい、供物を奉納する。芦峅寺の両座主が御供番から供物を受け取り、祝詞を読んだ後、御供番は拝殿から退出し、他の衆徒らと一緒に岩峅寺に帰って行った。

次に十五日の様子である。この日は午前十時に祭礼が始まる。神輿から両権現を大宮と若宮に遷す。その後、開山堂前で法楽神楽を演じる。舞い終わると二日間の祭礼はすべて終了し、大宮と若宮の座主が、衆徒や社人、その他、祭礼の運営にかかわった村人をねぎらってお神酒をふるまった。

芦峅寺と岩峅寺の解釈の違い

江戸時代、芦峅寺の立山大権現祭（**大仙坊A本51**）は、加賀藩寺社奉行の支配のもと、芦峅寺と岩峅寺の両寺衆徒により、それぞれの異なる解釈と、前項で指摘したような別々の儀式作法で執行されたため、複雑な内容と意味をもっていた。以下は芦峅寺衆徒側の、立山大権現祭に対する江戸時代文化期の頃の解釈である。

立山の本社は雄山山頂の峰本社で、そこには立山大権現（立山峰御前大権現と立山地主権現）が鎮座する。立山開山者佐伯有頼は、その立山大権現の分霊を立山山麓の芦峅寺村に遷し祀った。その際に成立した社が、立山峰御前大権現を祀る大宮奥院と立山地主権現を祀る若宮の両社である。

　芦峅寺衆徒は、立山大権現祭では、この両社に分霊された立山大権現を祀り、その神に加賀藩の武運長久と国家安全を祈ることを第一目的としていた。また両社を、峰本社からそこに立山大権現の分霊を遷してくれた先祖の佐伯有頼と、その父有若の御霊を祀る社でもあると解釈し、祭礼には二人に対する慰霊祭の意味も副次的に込めていた。だから、芦峅寺衆徒には、文化期の頃までの立山大権現祭は、まさにその名の通り「立山大権現祭」として執行されるべきものだったのである。

　一方、同じく文化期、この大祭に対する岩峅寺衆徒側の解釈は、芦峅寺のそれと異なっていた。岩峅寺衆徒は、芦峅寺の大宮奥院と若宮を立山大権現の分霊社ではなく、有頼と有若の御霊が祀られただけの社と解釈していた。だから岩峅寺衆徒には、夏の大祭は立山大権現を祀る祭礼などではなかった。彼らは祭礼日の六月十四日が、彼らの先祖佐伯有頼の忌日であり、その法要として参加していた。岩峅寺衆徒は正式な立山大権現祭を、自村で毎年四月八日に行っていた。

　このように、江戸時代文化期の頃まで、芦峅寺の立山大権現祭は、芦峅・岩峅両寺の衆徒が互いに異なる解釈をしながらも共催されていたのである。しかし文化後期、この祭礼の解釈や執行権をめぐって両寺衆徒の間で激しい争論が起こり、支配者の加賀藩を困らせている。

　江戸時代の正徳元年（一七一一）、当時、立山の宗教権利をめぐって争っていた芦峅・岩峅両寺の衆徒に対し、加賀藩の公事場奉行（最高裁判所）が裁定を下した。その内容は、岩峅寺側に立山峰本社の管理権を認め、芦峅寺側には立山の山自体にかかわる権利を一切認めないものだった。これは芦峅寺側にとって過酷である。すなわち、芦峅寺衆徒は峰本社に祀られた立山大権現とは何の関係もないことにされ、その祭礼を行う意味も失ったのである。だが意外なことに、芦峅寺衆徒は裁定以後も立山大権現祭をそれまで通り「立山大権現祭」として執行し、岩峅寺衆徒も参加している。

ところが文化後期に入り、芦峅・岩峅両寺の間で争論が再燃した際、岩峅寺は突然、芦峅寺の立山大権現祭に異議を唱え、加賀藩にその違法性を訴えた。藩は裁定の結果、正徳の裁定を先例に岩峅寺の訴えを認め、芦峅寺が立山大権現祭で「立山大権現」の名称を用いることを禁じた。ただし祭礼の開催は、衆徒が立山大権現に祈る行為自体は違法でもないので、「立山大権現」を前面に出さないことで認めている。そのため、芦峅寺衆徒は立山大権現祭を、「立山大権現祭」の呼称とその意味のもとに行うことが難しくなり、有頼と有若の慰霊祭を名目に行うことで、何とか継続させていたのである。芦峅寺系立山曼荼羅にこの祭礼の光景が必ずしも描かれないのは、こうした衆徒たちの複雑な心境の表れであろう。

第七章　画中に描かれた名勝

一　岩峅寺

玉泉院狛犬

岩峅寺雄山神社前立社壇の本殿には、加賀藩第二代藩主前田利長夫人の玉泉院（永・織田信長の四女）が立山寺（岩峅寺雄山神社）に奉納したという二基一対の狛犬が安置されている（図13）。総高はいずれも九一センチで、淡緑色の凝灰岩を用いて彫られている。

一方、同社所蔵の古文書群のうち、岩峅寺宿坊家の円光坊が玉泉院のために祈禱を行ったことに対し、玉泉院が侍女の千福を通じて岩峅寺に狛犬を寄進する意志があることを伝えたものが残されている。おそらく、この古文書に記された狛犬は、前述の岩峅寺雄山神社の狛犬であろう。

この古文書には年号の記載がないが、前述の古文書群には、慶長十九年（一六一四）に円光坊が玉泉院と千福に祈禱の巻数や供物を献上したことを示す文書をはじめ、同時期のものと思われる岩峅寺の円光坊や延命院らと玉泉院とのかかわりを示す文書が数点残されていることから、おそらく、玉泉院による狛犬の寄進は、慶長十九年（一六一四）以降の元和元年（一六一五）頃に行われたと推測される。

また、岩峅寺系立山曼荼羅の『桃原寺本』や『中道坊本』『西田美術館本』『伊藤家本』には、画面に向かって左端最下段、岩峅寺の境内地に狛犬が二基一対で描かれている。おそらくこれも、玉泉院が寄進した狛犬を表したものであろう。したがってこれらの立山曼荼羅は、元和初期以降の成立ということになる。

図13　立山曼荼羅『桃原寺本』
玉泉院狛犬と湯立て釜（個人蔵）

湯立て釜

岩峅寺雄山神社前立社壇の境内地に建てられた御釜堂に、鉄製の大釜が安置されている（**図13**）。それには、釜の内側上部に阿弥陀如来と不動明王の種子をはじめ、弘化二年（一八四五）三月に加賀藩第十三代藩主前田斉泰が寄進したことを示す銘文や鋳造者の高岡鋳師金森彦兵衛の名前が刻まれており、その由来がうかがわれる。

この大釜には次のような伝説がある。岩峅寺雄山神社の境内地には、もともと夫婦釜と称して大釜が二基据えられていた。現存の大釜はその男釜のほうである。安政五年（一八五八）、越中を襲った大地震がきっかけで、境内地の横を流れる常願寺川が大洪水を引き起こしたとき、河川敷付近に建っていた宿坊家が流されるとともに、高台にあった神社の崖も崩れ落ちて、そこに据えてあった女釜が川に転落してしまった。それ以来、夜ごと女釜が男釜を恋い慕って、川から唸り声をあげるのだという。

岩峅寺系立山曼荼羅の『玉林坊本』や『桃原寺本』『西田美術館本』『伊藤家本』、芦峅寺系立山曼荼羅の『坪井家A本』や『佐伯家本』には、岩峅寺境内地にこの湯立て釜が描かれており、したがってこれらの作品は、弘化二年（一八四五）以降の成立ということになる。

二　芦峅寺

三途の川・死出の山の道標

いつの頃からかは不明だが、江戸時代、立山山中に向かって立山道を進んで行くと、山麓の千垣村と芦峅寺村の村境にあたる「三途の川」と呼ばれる川の袂に、「此所三づ川　是ゟしでの山」と刻まれた、あの世の入口を示す道標（吉祥坊本9）が立てられていた。「しでの山」は、立山山麓の来拝山の尾根筋にある標高六六〇メートルの山で、この山から流れ出る谷川が「三途の川」であり、常願寺川の本流（富山県南端の寺地山に源を発する真川が、立山カルデラを流れてきた湯川と合流して常願寺川本流となる。その後北西に流れ、千寿ヶ原で立山西麓に源を発する称名川と合流し西流する）に流れ落ちて行く。

この道標は、芦峅寺系立山曼荼羅の『坪井家B本』や『立山開発鉄道本』『泉蔵坊本』『宝泉坊本』『吉祥坊本』などに描かれているが、それらの作品の制作者は、自分自身がその場所を通行したか、あるいは衆徒から事前に立山界隈の話を聞いていて、現地の状況をある程度認識していたものと推測される。現在、この道標は元の場所から移遷され、富山県［立山博物館］の展示館前に設置されている。

立山開山慈興上人廟所

芦峅寺の「立山大縁起」や「立山略縁起」によれば、立山開山者の慈興上人は、八十三歳のとき、自分の死期が近づいていることを悟ると、「難波がた　芦の葉ごとに　風落ちて　よし苅舟の　着くは彼岸」との辞世の歌を残し、墓所と定めた芦峅寺の龍象洞の地下に入ったという。まるで真言宗の開祖空海を彷彿させるような入定であるが、芦峅寺の伝承では、その後七日の間、地下から念仏の声が聞こえたという。この場所は現在も慈興上人の廟所（**吉祥坊本10**）とされており、墓碑が立てられている。

「立山略縁起」によると、慈興上人は入定する以前、芦峅寺の佐伯宮（立山開山堂）に自身の肖像を制作して祀ったとされているが、現在も開山堂に祀られている木造慈興上人坐像がそれである。等身大の肖像彫刻で鎌倉時代の成立と推測される。その姿は目を閉じて坐し、胸元で両手の指を組み、頷くように首を傾け、深く祈りを捧げるような姿勢である。通常は秘仏とされているが、毎年正月元日、二日に開帳される。素材は立山杉である。寄木造りで六つの部分を矧ぎ寄せている。すなわち、頭部は耳の前で縦に矧ぎ、首ほぞで胴体に差し込まれている。また胴体は中央で縦に矧ぎ、膝は横木で胴体に矧ぎ合わされ、金剛合掌印を結ぶ手の部分は手首で矧ぐ。もとは彩色が施されていたようだが、現在は彩色が落ちて木地そのものが露出している。像の肉体やそれを覆う衣を表現するために、立山杉の木目を充分に活かしている。

昭和十年（一九三五）、当時の文部省によって修理され、また昭和四十年（一九六五）九月、台風の影響で開山堂が倒壊した際、手の部分が破損したため、翌年七月、京都国宝修理所で修復された。本像は昭和四十年の台風で開山堂が倒壊するまで、かつての媼堂の本尊媼尊の厨子に安置されていた。厨子は倒木により粉々に砕けたものの、しかし、慈興上人坐像は、奇跡的に軽い損傷で残ったという。昭和二十五年（一九五〇）、国の重要文化財に指定されている。

ところで、この慈興上人坐像と慈興上人の廟所は江戸時代の天保四年（一八三三）以降、芦峅寺一山にとってそれまで以上に重視されることとなった。その理由は次の通りである。

芦峅・岩峅両寺衆徒は、宝永六年（一七〇九）から天保四年（一八三三）までの百二十四年間、立山の宗教的権利を巡り、たびたび激しい争論を繰り返した。それはとくに文化期の頃から激化するが、立山大権現を祀る峰本社（立山頂上社殿）の別当職号の所有権が、争点の一つとなっていた。結局、天保四年、加賀藩は公事場奉行での裁判で、芦峅寺一山と峰本社とは全く無関係であるとの裁定を下した（このことは、芦峅寺一山が立山の山自体にかかわる宗教的権利をすべて失ったことを意味する）。そのため、芦峅寺一山とすれば、自分たちと立山の宗教的なつながりを示しうるものは、芦峅寺開山堂の慈興上人坐像と同境内地にある慈興上人の廟所だけとなった。それゆえ、芦峅寺一山はそれまで以上にこれらを重視したのである。

芦峅寺系立山曼荼羅の諸本のうち、『坪井家A本』『坪井家B本』『佐伯家本』『富山県立図書館本』『泉蔵坊本』『宝泉坊本』『吉祥坊本』『相真坊A本』『立山開発鉄道本』『龍光寺本』には、慈興上人の廟所が五輪塔の形で柵に囲まれて描かれている。このように、廟所の図像が描かれた作品や、あるいは廟所が設けてあった雄山神社の境内地の様子が、鳥居・講堂・拝殿・大宮・若宮・開山堂などの宗教施設の現実的な配置状況に即して描かれた作品は、その制作時に、芦峅寺衆徒の自村に対する意識が強く反映されたものと言えよう。

加賀藩奥山廻り役、佐伯十三郎の石灯籠

正保元年（一六四四）、加賀藩は徳川幕府から国絵図の提出を求められ、それが契機となって、信濃と越中の国境を強く意識するようになった。それというのも、加賀藩は徳川幕府の命に対し、早速、国絵図の作成に取り組み、正保四年（一六四七）に仮絵図を作り上げて幕府に提出したが、

国絵図の黒部奥山の部分については、情報不足から後立山を描くことができなかったからである。「正保国絵図」（金沢市立玉川図書館所蔵）は明暦年中（一六五五〜五八）に完成しているが、この絵図にも後立山は描かれていない。

正保四年（一六四七）の仮絵図の作成で領国の把握が完全でないことに気づいた加賀藩第三代藩主前田利常は、慶安元年（一六四八）、みずから視察のため、越後の国境大所村まで赴いている。さらに大島甚兵衛らに黒部奥山の視察（後立山と黒部川上流の調査）と絵図の作成を命じている。その際、それを助けたのが芦峅寺村の宿坊家、三左衛門・十三郎父子であった。

まず、慶安元年六月、加賀藩は「ざら越え」（羽柴秀吉と戦った成政は圧倒的に不利な戦況の打開策として、天正十二年（一五八四）十一月、浜松の徳川家康、織田信雄に直接面会し再起を促すため、厳寒期の北アルプス越え「ざら越え」を敢行した）の道筋を調査するため、大島甚兵衛、岡田助三郎、金森長右衛門の三人の武士を奉行に任命した。ただしこの時、実際に信濃まで調査に出かけたのは大島らの内侍であり、測量や地図の作成を行ったのは芦峅寺村三左衛門・十三郎父子、町袋村（富山市）善右衛門、平榎村（富山市）久助、長福寺村（富山市）三郎右衛門、絵師の富山半兵衛らであった。彼らは、芦峅寺村の媼堂から信濃野口村（長野県大町市）の馬留までを計測した。

寛文三年（一六六三）、加賀藩は黒部奥山の国境警備や監視を主な任務とする山廻り役という職制を設置するが、芦峅寺の佐伯十三郎もこの役に就き、寛文十一年（一六七一）には、奉行の磯野平助らと黒部奥山を踏査し、その結果を絵図に表している。

このほか、延宝五年（一六七七）には、奥山廻り役の芦峅寺村十三郎、同村五左衛門、内山村（富山県下新川郡）三郎左衛門、吉野村（富山県魚津市）喜左衛門らの四人が、ざら越えの道筋を通って信濃に入り、飛騨を経て有峰村（富山県大山町）に帰っている。この調査の内容は、富山県［立山博物館］所蔵の「立山ざら越え道筋絵図」からうかがわれる（図14）。

こうした一連の調査成果を取り入れ、藩独自であらためて作成したのが、延宝六年（一六七八）のいわゆる「延宝国絵図」（金沢市立玉川図書館所蔵）である。この絵図には鷲羽岳、鑓ヶ岳、針ノ木峠などの後立山とざら越えの道筋が、国絵図としては初めて描かれた。ただし、この絵図は幕府に提出されることなく、金沢城に秘蔵された。

以上みてきたように、加賀藩の藩政初期における黒部奥山に対する政策には、芦峅寺村の三左衛門・十三郎父子が深くかかわっている。それが背景にあり、とくに十三郎は、元禄四年（一六九一）に何らかの理由で藩から咎めを受けて禁牢処分となるまで、大いに権勢を誇った。現在、芦峅寺雄山神社の境内地に総高約三メートルの巨大な石灯籠（吉祥坊本11）が二基一対で立っている。それには「元禄二年（一六八九）、大隅守佐伯本雄老翁、行年七十歳」との刻字が見られるが、ここに登場する大隅守佐伯本雄なる人物は、芦峅寺の佐伯十三郎のことである。十三郎は延宝元年（一六七三）に京都の吉田家から神道裁許を受け、「立山祠官大隅守佐伯本雄」の称号を用いていたのである。

ところで、芦峅寺系立山曼荼羅の『坪井家A本』や『坪井家B本』、『佐伯家本』『富山県立図書

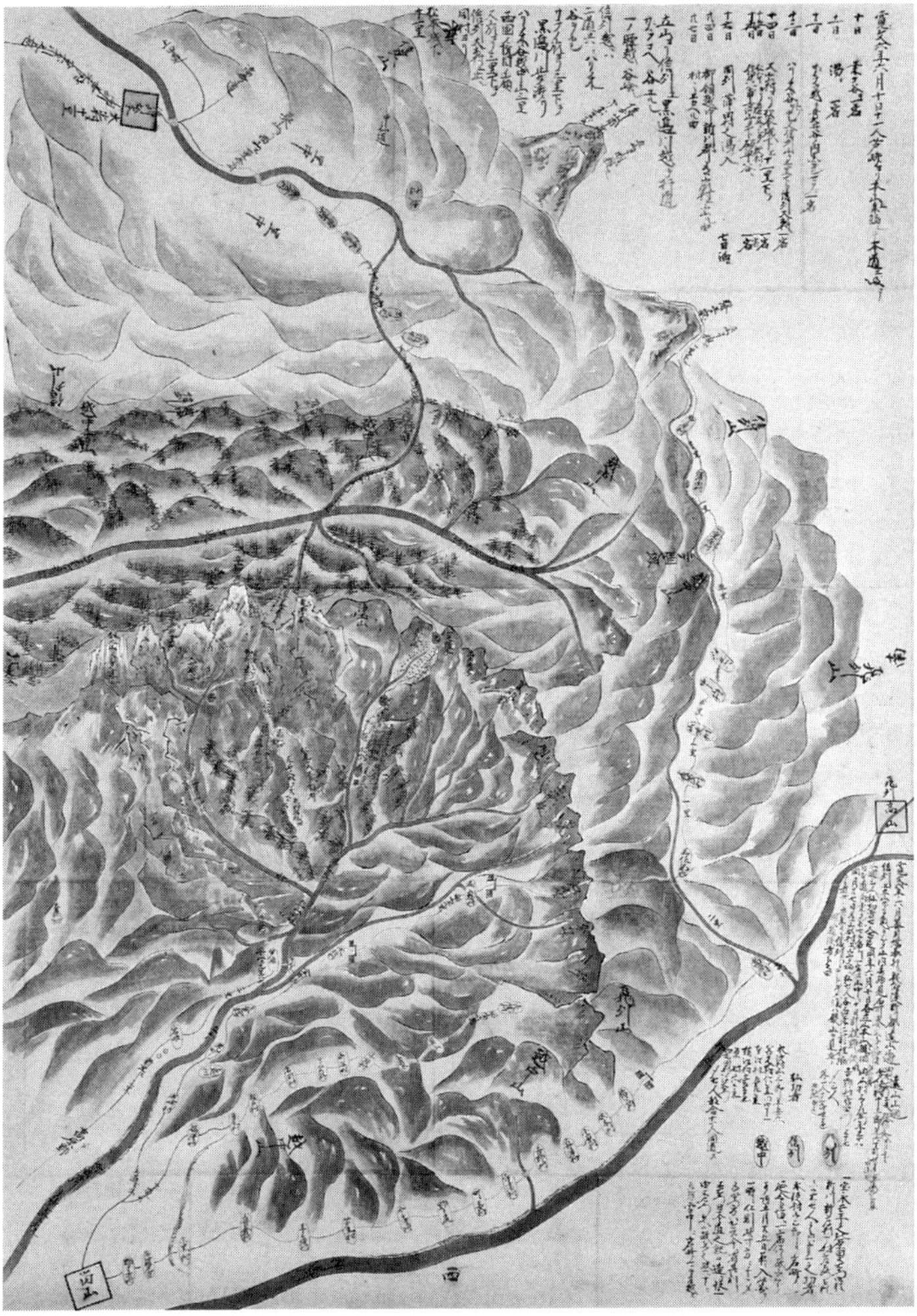

図14　立山ざら越え道筋絵図（個人蔵）

館本』『泉蔵坊本』『相真坊A本』には、芦峅寺境内地に二基一対の灯籠が描かれているが、それは、大隅守佐伯本雄こと佐伯十三郎が寄進した灯籠を表していると思われる。したがって、この石灯籠が描かれた前述の立山曼荼羅はいずれも、元禄二年（一六八九）以降の成立ということになる。

芦峅寺の湯立て釜

芦峅寺系立山曼荼羅の『坪井家A本』と『佐伯家本』には、芦峅寺境内地の講堂前に湯立て釜が描かれている。この釜は、江戸時代、毎年旧暦の六月十四日と十五日の両日、芦峅寺で行われた夏の大祭、立山大権現祭の折に、湯花神事で用いられたものである。立山大権現祭の様子は、金沢市立玉川図書館所蔵の「芦峅寺絵図」に解説・注記入りで詳しく描かれているが、それとともに大釜の様子も具体的に描かれている。

同絵図によると、大釜は江戸時代には芦峅寺境内地の講堂前に竈に収めた状態で、露天で据え置かれていたことがわかる。そして竈の周りは結界を示すために注連縄で囲まれており、さらに注連縄を立てるための四本柱や縄そのものから、多数のシデが垂らされている。

この大釜については、鉄製で錆による劣化が激しいため、近年、元興寺文化財研究所保存科学センターで保存処置を行っている。その際、エックス線撮影で釜に施された刻字の解読を試みたところ、次のような銘文が判読できた。

奉鋳造御湯釜立山両大権現御宝前、天下泰平国家安穏、享保四己亥天、願主芦峅寺宮之坊、同真長坊、善道坊、西岩瀬惣持院、三州施主中、尾州施主中、鋳物師富山住冶工藤原朝臣山本五郎左衛門家、正同小工仁右衛門、釜屋始右衛門、釜山与三次郎、釜屋源右衛門

右の銘文から、この大釜は享保四年（一七一九）に芦峅寺の宮之坊・真長坊・善道坊の三宿坊家と西岩瀬の惣持院らが発願し、三河国と尾張国の檀家たちが施主となって、富山の鋳物師の山本五郎左衛門らに制作を依頼してできあがったことがわかる。したがって、前述の立山曼荼羅は享保四年以降の成立となる。

玉橋

芦峅寺の宿坊街を通り過ぎ、閻魔堂に向かう参道の途中に玉橋（**吉祥坊本12**）が架けられていた。布橋大灌頂法会の際には、この玉橋から布橋を経て媼堂まで、灯明で荘厳される。

立山曼荼羅諸本のなかに、こうした玉橋のような細部の事物まで描かれているものがあれば、その作品の制作者は芦峅寺の現地空間をある程度認識していたと言えよう。おそらく芦峅寺衆徒自身が描いたか、あるいは制作時にその指示を詳しく受けることができた衆徒周辺の人物が描いたのだろう。玉橋が描かれた作品には、『坪井家A本』『坪井家B本』『佐伯家本』『富山県立図書館本』『泉蔵坊本』『相真坊A本』『龍光寺本』『日光坊A本』がある。

制札

芦峅寺一山は、寛永元年（一六二四）八月、加賀藩第三代藩主前田利常より制札を拝領した。しかしその後、いつの時期かに焼失させてしまったという。そこで、芦峅寺一山はその再興をたびたび加賀藩寺社奉行に求め、天保十三年（一八四二）にようやくそれが認められ、新たな制札が建立されている。制札に記された文言は次の通りである。

禁制　立山足倉中宮寺
一於諸堂近殺生事
一於立山諸堂境内伐竹木事
附於諸堂参詣人不作法事
一於橋上牛馬往来事
附橋幷石垣に障り、らく書・たばこ火事
一号禅定猥ヶ間敷喧嘩口論事
一於宿坊長逗留事
右之条々、若違犯之輩於有之者、可処罪科者也。仍如件
寛永元八月　日　　御判

ところで、芦峅寺系立山曼荼羅の『相真坊A本』と『宝泉坊本』『吉祥坊本』『富山県立図書館本』『泉蔵坊本』『日光坊A本』『坂木家本』には、芦峅寺境内地に制札（**吉祥坊本13**）が描かれてい

るが、おそらくは天保十三年に再興された制札を表したものであろう。したがって、これらの立山曼荼羅の成立は天保十三年以降ということになる。

閻魔堂前庭の地蔵菩薩半跏坐像

真言宗の観音寺（富山県小矢部市）や曹洞宗の大本山永平寺（福井県永平寺町）、同宗派の総持寺祖院（石川県門前町）には、かつて芦峅寺に安置されていた大型（台座から光背までの総高が約二メートル）の金銅仏が移遷され、現在に至っている。

江戸時代後期、芦峅寺宿坊家の教蔵坊は信濃国に檀那場を形成していたが、この三体の金銅仏はいずれも教蔵坊の布教活動の感化を受け、信濃国松本などの地域で立山講を組織した檀家たちが、同坊へ寄進したものである。明治の廃仏毀釈の影響を受け、それぞれ観音寺、永平寺、総持寺に移遷された。いずれも各寺院の境内地に露天で安置されており、今ではその経歴を知る人も少なく、いかにも寂しげな風情でたたずんでいる。

これら三体の金銅仏にはそれぞれ刻字が見られ、それによって芦峅寺との関係が確認できる。観音寺に安置された地蔵菩薩半跏坐像の台座の各蓮弁には寄進者の名前が数多く刻まれており、それらのなかに「信州松本町立山講中」「願主教蔵坊照界立之」「請負松本飯田町薬罐屋佐原市右衛門尉正孝」「于時文政八年乙酉七月吉祥日」「御鋳物師大工信濃国上田住小島大治郎藤原弘孝」などの刻字が見られる。また、永平寺に安置された地蔵菩薩半跏坐像の台座の各蓮弁にも寄進者の名前が刻まれており、それらのなかには「立山芦峅寺願主教蔵坊」「信州筑摩郡松本施主」「勅許御鋳物師松本住浜石見大據藤原清綱作」などの刻字が見られる。さらに、総持寺に安置された聖観世音菩薩坐像台座の蓮弁にも、「立山芦峅寺」「勅許信濃国施惣官大鋳物師松本住田中伝右衛門藤原吉伸作」の刻字が見られる。

ところで、長野県南安曇郡松川村細野の平林武夫氏方に、江戸時代、教蔵坊が平林家に差し出した「金仏建立証印　立山教蔵坊」（寛政元年）と、「営鋳地蔵尊支証　立山教蔵坊」（文政八年）の二通の文書が現存しているが、それらにより、教蔵坊を願主として、寛政元年（一七八九）に地蔵菩薩と観音菩薩の二体の金銅仏が造られ、さらに、文政八年（一八二五）にも地蔵菩薩の金銅仏が一体造られたことがわかる。前述の三体の刻字と照合すると、文政八年に造られた地蔵菩薩像は観音寺に現存する尊体とみてよいだろう。一方、寛政元年に造られた地蔵菩薩像と観音菩薩像はそれぞれ、永平寺と総持寺に現存する尊体であると推測される。

芦峅寺一山の文政十二年（一八二九）「当山古法通諸事勤方旧記」により、教蔵坊との関係をもつ地蔵菩薩像が閻魔堂に安置されていたことがわかるが、前述の観音寺の地蔵菩薩像がそれである。同尊像は、江戸時代には芦峅寺閻魔堂の前庭に露天で安置されていたが、前述の通り、明治の廃仏毀釈の影響を受け、まずは富山県小矢部市倶利伽羅に所在する長楽寺へ移遷されたのち、さらに明治五年（一八七二）、観音寺に移遷され現在に至っている。

芦峅寺系立山曼荼羅の『坪井家B本』『相真坊A本』『富山県立図書館本』『泉蔵坊本』『立山町

本』『宝泉坊本』『吉祥坊本』『日光坊Ａ本』には、閻魔堂の前庭に地蔵菩薩半跏坐像（**吉祥坊本14**）が描かれているが、これは現在、観音寺に移遷されている地蔵菩薩半跏坐像を描いたものである。したがってこれらの作品の成立時期は、文政八年（一八二五）以降ということになる。

閻魔堂前庭の牛石

芦峅寺閻魔堂から布橋へ降りて行く明念坂の途上左側に、昭和末期まで牛石が祀られていた。しかし現在は残念ながら行方不明である。芦峅寺の古老たちは、この牛石の前に刈り取った草を置いておくと、いつのまにかなくなってしまうのだという。

芦峅寺系立山曼荼羅には、閻魔堂の前庭にこの牛石（**吉祥坊本15**）が描かれる場合がある。『大徳寺本』『相真坊Ａ本』『大仙坊Ａ本』『善道坊本』『佐伯家本』『坪井家Ｂ本』『相真坊Ｂ本』『宝泉坊本』『吉祥坊本』『富山県立図書館本』『泉蔵坊本』『立山町本』『日光坊Ａ本』には、牛石は石造物として描かれている。これに対して『大仙坊Ｂ本』では閻魔堂前に池が描かれ、生身の牛が首まで浸かっている図像が描かれている。また、『大江寺本』では石造物の牛ではなく、生きた牛が鎖につながれて描かれている。おそらく制作者が衆徒ではなく、制作を外注された絵師か、あるいは檀那場の信徒が描いたため現地の情報にうとく、牛石の実態をよく知らないままに描いたのであろう。

三　立山カルデラ内

刈込池と龍神

立山の弥陀ヶ原台地の南隣りに、立山カルデラと呼ばれる火山性の巨大な凹地がある。それは、周囲を標高二〇〇〇メートルから三〇〇〇メートル級の弥陀ヶ原台地、浄土山、竜王岳、獅子岳、五色ヶ原台地などに囲まれた、東西六・五キロ、南北四・五キロ、面積約二三平方キロの楕円形の凹地である。その中央部を常願寺川（富山県大山町・立山町の北アルプスを源流とし、富山市水橋で富山湾に注ぐ一級河川）の上流にあたる湯川が流れ、三方は急峻なカルデラ壁に囲まれている。この一帯はたびたびカルデラ壁が崩壊し、土砂が堆積、あるいは大雨のたびに下流に流出するため、地形の変化が著しい。そうした最大規模ともいえる崩壊が、安政五年（一八五八）の飛越（飛驒・越中）大地震のときに起こった。カルデラ南壁の大鳶が大崩壊し、膨大な土砂がカルデラ内に堆積、あるいはカルデラ外に流出したのである。

立山カルデラ内には、「刈込池」（狩籠池・狩込池などとも表記される）と呼ばれる池があったが、前述の大鳶の大崩壊で消滅した。だが、その時にできた別の池が新たに刈込池と名づけられ、今日に至っている。かつての刈込池の跡地は、古刈込池と名づけられている。

この刈込池については、いくつかの文献によりその宗教的な性格がうかがわれる。たとえば、江戸時代中期の百科事典『和漢三才図会』には、天狗岳の峰に刈込池の神である龍神を祀った社があると記す。また、明治十八年（一八八五）に竹中邦香が記した『越中遊覧誌』には、刈込池が常願寺川上流の真川の水源地（真川は常願寺川の本流。実際の源流は北俣岳）であり、そこに神がいるとする。さらに、明治二十三年（一八九〇）に杉木有一が記した『越中国誌』には、刈込池が常願寺川上流の湯川の水源地で、そこに蟠龍が棲むとする。これらの文献が示すように、刈込池が人々には常願寺川の水源地とみなされ、そこには龍神が棲んでいると信じられていたことがわかる。

このほか、『越中立山古記録』や『越中立山古文書』所収の芦峅寺文書や岩峅寺文書には、立山衆徒による刈込池での雨乞い儀式に関する記載が見られるが、その内容は次の通りである。

宝永六年（一七〇九）六月頃、連日厳しい日照りに見舞われていた。そして同月二十八日、芦峅寺衆徒は黒崎村（富山市）の三郎右衛門から雨乞いの依頼を受けた。そこで芦峅寺衆徒が刈込池で祈禱を行ったところ、その効果があって七月二日までに大洪水となるほどの雨が降り、祈禱料を得ている。

その後、同年八月十日、今度は岩峅寺衆徒が天正寺村（富山市）十村の十右衛門から雨乞いの依頼を受けている。翌十一日、衆徒六名が刈込池へ向けて登山しようとしたが、途中、芦峅寺一山より、八月一日以降は山仕舞い（閉山）であることを理由に無理やり追い返されたので、刈込池での祈禱を断念している。その代わりとして、岩峅寺衆徒は八月十四日に岩峅寺前立社壇で雨乞いの祈禱を行っているが、刈込池での祈禱を妨害した芦峅寺衆徒に対する不満はおさまらず、八月十八日、芦峅寺衆徒の暴挙を加賀藩寺社奉行に訴え出ている。

こうした古文書から、立山衆徒や山麓の人々は、刈込池を常願寺川の水源地とみなしており、さらにそこには、水田稲作に必要な水の供給や制御を司る水神である龍神が棲んでいると信じていたことがわかる。それゆえ、加賀藩領内では日照りが続くと、慣例的に芦峅寺や岩峅寺の衆徒が藩や村役人の依頼を受け、刈込池で雨乞いの祈禱を行っていたのである。

このように水神が山中の水源地に水分神として祀られる場合は、山の神と同一視されることが多いが、刈込池の龍神も立山の山の神とみてよいだろう。それは、前述の岩峅寺文書のなかで、岩峅寺衆徒が加賀藩に対して、「立山狩籠池（刈込池）は立山大権現（本地は阿弥陀如来）が龍神を狩籠めなされ置いた（封じ込めた）池である」と説明していることや、刈込池にまつわる地元の伝説のなかに、この池に立山山中の悪龍悪蛇を封じ込めたとするものがあることからもうかがわれる。

こうした、霊山の水分神である龍蛇神を池に封じ込めるといった内容の伝説には、白山の開山者泰澄が悪龍悪蛇を千蛇ヶ池に封じ込めたとする伝説や、日光の開山者勝道が悪蛇を封じ込めたとする伝説がある。そしてこれらの伝説には、前章で述べた立山開山縁起の本来的な意味と同様、古来、山中の水源地を支配してきた水分神である龍神が、外来の仏教の仏に押さえ込まれたといった意味がある。

さて、立山曼荼羅の画面には、右端上段の浄土山の下あたりに、水色や紺色を用いて刈込池が描かれる。そして立山曼荼羅諸本のうち、とくに『坪井家A本』には刈込池のなかに龍の姿も描かれている（図15）。

これら刈込池の図像は、いずれも絵の右端に小さく描かれるのでほとんど目立たないが、前述の通り、立山信仰の基層にある古来の山の神に対する信仰を考えるうえで重要な図像である。立山曼茶羅の画面では、向かって左側に地獄谷を立山地獄に見立て、獄卒の亡者に対する責め苦の様子が八熱地獄の話題を中心に強調的に描かれているが、それは火山としての立山の「火の信仰」を象徴していると言える。一方、その反対の右側に小さいながらも刈込池が描かれているが、それは同じく、火山としての立山の「水の信仰」を象徴していると考えられる。

図15　立山曼荼羅『坪井家Ａ本』刈込池と龍（個人蔵）

刈込池の図像は、立山曼荼羅諸本のうち、『来迎寺本』『坪井家Ａ本』『坪井家Ｂ本』『善道坊本』『佐伯家本』『富山県立図書館本』『泉蔵坊本』『立山町本』『坂木家本』『相真坊Ａ本』『龍光寺本』『玉林坊本』『桃原寺本』『西田美術館本』『志鷹家本』『市神神社本』に描かれている。このほか、『大仙坊Ａ本』にも描かれているが、実景観と照らし合わせると、これは画面上適切な場所に描かれているとは言い難い。

一方、『宝泉坊本』や『吉祥坊本』、『越中書林本』『大仙

坊B本』『相真坊B本』などには刈込池の図像は描かれていないが、こうした作品は、制作過程において、制作者たる絵師の意識が強く反映されたものと言える。絵師は、刈込池のような細部情報を全く認識していないか、あるいは池の存在は認識していても、それに信仰的な意義を感じていないため描かないかのどちらかであろう。

立山温泉

かつて立山カルデラの西端、常願寺川上流の湯川谷に立山温泉と呼ばれる温泉（立山下温泉、多枝原温泉、よもぎが湯なども呼ばれた）があった（**図16**）。この温泉については、加賀藩の歴史家森田柿園が、明治期の彼の著書『越中志徴』のなかで、旧来の関係史料を引用しながら次のように詳述している。

まず、土屋義林の『加越能山川記』を出典として、天正十二年（十一月二十四日）、戦国武将で越中国主の佐々成政が「ざら越え」を敢行した際、入湯滞在して、日よりを判断したことを記している。その詳しい内容は『太閤記』に見られることも付記している。当時は、成政が浸かった湯船がまだ残っており、松板でできた厚さ一尺（約三〇センチ）のものだったことも、杣人の談として記している。

また、「宝永元年（一七〇四）上達書」を出典として、立山温泉が四月一日より八月中まで入湯できたことや、「元文二年（一七三七）越中産物志」を出典として、立山温泉の湯が打ち傷・切り疵・中風・筋痛・麻病・消渇《しょうかち》（①古く淋病をいう語。②喉が渇き尿の出ない病気）・癩病などに効くこと、「宝暦十四年（一七六四）調書」を出典として、立山温泉が当時「立山の湯」、その山谷は「小薬師」と呼ばれており、芦峅寺村より湯本までの道程が八里ほどであったことも記している。

こうした『越中志徴』の記述以外にも、元禄四年（一六九一）から七年（一六九四）にかけて加賀藩が調査した領内の産物書上「農隙所作村々寄帳」からは、元禄期にすでに入湯者がいたことがわかる。

立山温泉は天正八年（一五八〇）に発見されたとする説もあるが、実際には、それ以前に岩峅寺衆徒が発見していたようで、安永年中（一七七二〜八一）に開湯し、加賀藩の官許を得て経営をしたとみられる。それ以降、岩峅寺衆徒は藩に対し毎年、運上銀三十匁を上納している。

ところで、江戸時代の中期以降、立山信仰に基づく立山衆徒を媒介とした伝統的な禅定登山は、依然、立山登山の主流だった。しかし一方では、登山者の意識に微妙な変化がみられるのもこの頃からである。当時、立山に実際に登った文人たちが記した紀行文や随筆集などから、それまでの信仰登山に加え、登山に観光的・娯楽的要素を求めようとする意識が芽生えてきたことがわかる。

こうした世相の変化が背景にあるなかで、加賀藩は産物奨励政策の一環として、文化十一年（一八一四）、温泉の運営と立山温泉新道の開削に乗り出した。立山温泉を藩の産物方御役所の支配下に置き、新庄金山奉行の裁許のもと、温泉の管理・経営を町新庄村《まちしんじょう》（富山市）の亀屋文次郎に任せたのである。そして、以前の管理者である岩峅寺には、湯見付料として毎年、銀七百目を湯本から渡している。

当時、立山温泉に至るには、常願寺川右岸の旧来の立山禅定道を活用し、いったん材木坂などを経て弥陀ヶ原まで登り、その追分から険阻な松尾道に入り、標高一九二〇メートルの松尾峠を越え、松尾坂を下って湯場に向かわねばならなかった。しかし、このコースは登拝者にはかなりの難路であったため、その対応策として考えられたのが、常願寺川左岸に新道を開き、温泉へのアクセスを確保・容易にするといった計画である。

そこで加賀藩は文化十一年、新川郡利田村（富山県立山町）の肝煎を勤める十代深美六郎右衛門を立山温泉新道作立役に任命した。これを受けた六郎右衛門は早速事業に着手し、原・本宮道を延長して立山湯道を完成させている。

その後、文政二年（一八一九）には亀屋文次郎とともに深美六郎右衛門も温泉の元締めに加わった。文政六年（一八二三）二月、深美六郎右衛門は温泉の管理を亀屋文次郎より譲り受け、それ以降は、この深美家歴代当主が単独で立山温泉を経営した。

加賀藩による立山温泉の本格的運営により、文化十一年春、藩から新道の開削計画が打ち出された。しかし、新道が開通すれば、芦峅寺にとっては従来からの伝統的な立山禅定道や自村の衰退が予想された。そこで芦峅寺側は計画当初から藩に対して猛反対を続けたが、新道開削事業は着実に進められ、同年の五月中には完成をみている。

常願寺川右岸を通るこの新道が開通すると、芦峅寺側が危惧していた通り、温泉の効能を聞きつ

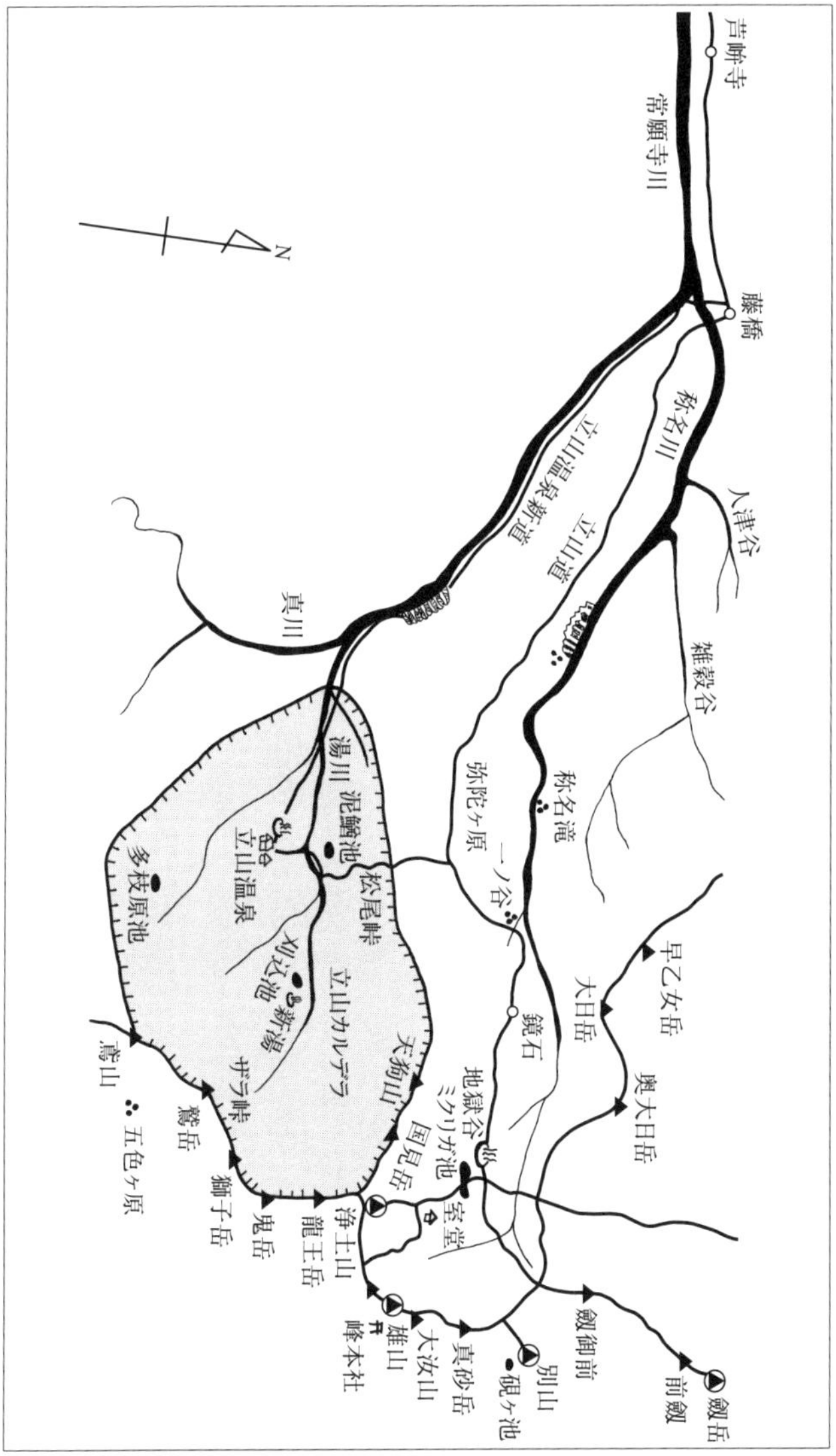

図16　立山温泉周辺の概略図（原図制作＝杉本理恵氏）

図17　立山曼荼羅『竹内家本』　立山温泉（個人蔵）

けて湯治を目的に来る者ばかりではなく、新道を通ってまずは温泉に向かい、疲れを癒してから松尾・水谷の古道を通って頂上に向かうといった、温泉を立山登山の中継地として利用する立山登拝者が急増した。そのため、芦峅寺での宿泊者はもちろん、通行者までもが激減した。

このような状況下、加賀藩寺社奉行は、温泉から松尾・水谷の古道を経由して登拝することを禁止したが、具体的に方策が講じられたわけでもなく、温泉場に立て札が立てられたくらいで、現実には川に橋が架けられ、難所も整備されていった。芦峅寺側は、寺社奉行に対して何度も松尾・水谷の古道断ち切りを嘆願するが、やはり具体的な方策はとられず、それ以降も違反と知りながら松尾・水谷の古道を利用する立山登拝者は跡を絶たなかった。芦峅寺側にとってそれは、到底納得できる状況ではなかった。

そこで芦峅寺一山は、当時芦峅寺に定住していたもと高野山学侶の龍淵に協力を求め、松尾・水谷古道の問題に対処した。龍淵は文化・文政期の頃、高野山天徳院の再建をめぐって、加賀藩寺社奉行と特別の関係を築いており、その彼を顧問弁護士に据えて藩と交渉することで、不利な状況を打破しようとしたのである。結局、龍淵の協力を得て寺社奉行に願書を差し出したところ、願いの通り松尾・水谷の古道の通行が禁止されたという。こうして天保二年（一八三一）の夏前には、松尾・水谷の古道の通行禁止をめぐる問題は、松尾・水谷の古道が実質的に断ち切られ、芦峅寺側が納得できる形で決着した。

立山曼荼羅諸本のうち、立山温泉が描かれた作品は『竹内家本』と、木版画の立山登山案内図を拡大模写して制作された『市神神社本』『志鷹家本』（本書一七一頁・図24）である。とくに『竹内家本』では温泉の建物とともに、湯治の人々で賑わっている様子が描かれている（図17）。したがってこの作品は、温泉の経営が確立した文化十一年（一八一四）以降の成立と言える。

一方、立山衆徒にかかわる芦峅寺系立山曼荼羅と岩峅寺系立山曼荼羅のいずれの系統の作品においても、立山温泉は描かれない。これはやはり、文化十一年（一八一四）から天保二年（一八三一）まで、立山温泉新道の開通により、立山衆徒を媒介とした立山信仰が一時衰退したこともあり、その原因であった立山温泉が、立山衆徒たちに敬遠されたためであろう。それらから類推すれば、立山温泉が描かれている前述の『竹内家本』は、立山衆徒の意識に基づいて描かれたのではなく、外部の人の意識に基づいて描かれたと考えられる。

第八章　立山曼荼羅の用語と形態・素材・制作

一　御絵伝と呼ばれた立山曼荼羅

立山曼荼羅は、現在「立山曼荼羅」の用語で人々に知られ、研究者の間でも学術用語として定着している。しかし江戸時代には必ずしもそうではなかった。同時代の立山曼荼羅を示す用語を調べると、芦峅寺・岩峅寺の古文書や立山曼荼羅諸本の軸裏に記された墨書銘には、「御絵伝有頼之由来」「有頼之由来立山御絵」「開山之行状之御絵伝」「立山縁起四幅」「立山絵相四幅」「立山絵図」「立山之絵図まん多ら」「御絵図曼荼羅」「御曼茶（陀）羅」など、実にさまざまな用語が見られる。そしてこれらの用語の使用傾向をうかがうと、立山曼荼羅を、立山開山者である佐伯有頼（第二章参照）の事績（「立山開山縁起」にその内容が記されている）を絵画化した「御絵伝」と認識し、そうした用語で表現している場合が非常に多い。とくにそれは、芦峅寺や岩峅寺の衆徒が立山曼荼羅を呼称する際に著しい。

実は彼らにとって、若干の例外はあったにしろ、立山曼荼羅は、チベット胎蔵曼荼羅などの密教系曼荼羅などではなく、それが、たとえば浄土宗の法然（宗祖）や浄土真宗の親鸞（宗祖）・蓮如（中興祖）などの事績を絵画化した高僧絵伝（「法然絵伝」「親鸞絵伝」「蓮如絵伝」など）に近い性格の絵画として認識されていたのである。

一方、芦峅寺や岩峅寺の衆徒以外の人（立山信仰の外部の人）が制作した立山曼荼羅のいくつかは、作者の考え方から軸裏に「曼荼羅」の墨書銘が記されている場合もある。どちらかといえば芦峅寺や岩峅寺の衆徒は立山曼荼羅を「御絵伝」とみる傾向が強く、外部の人は「曼荼羅」とみる傾向が強いようである。

ところで、「立山曼荼（陀）羅」の用語を初めて使用した人物は、富山の郷土史家草野寛正氏である。昭和十一年（一九三六）の草野論文「立山姥堂の行事考」に、「立山曼陀羅とは立山縁起絵図即ち立山御絵伝の謂である」と表現されている。

その後、絵解き研究で著名な国文学者林雅彦氏が、立山曼荼羅の体系的な調査の過程で、岩峅寺の宿坊延命院から立山曼荼羅の絵解き台本（嘉永六年〔一八五三〕『立山手引草』）を発見され、同本の詳細な研究により立山曼荼羅とその呼称は一層広まった。

さらに、富山の美術史家長島勝正氏が大型図版『立山曼荼羅集成』第一期（一九八三年）・二期（一九八五年）を刊行したことで、全国の人々がまとまった形で立山曼荼羅の図柄を目にすることが可能となり、それは一層普及した。

主に十六世紀から十七世紀にかけて、寺院や神社、霊山への人々の参詣を誘うために作られた宗教的な案内図に、図18のような「参詣曼荼羅」と呼ばれるものがある。それには、まず画面の上部に日輪と月輪、山が描かれ、中央部や下部に寺社の景観や参詣道などが描かれて、おおむね霊場のアウトラインが表現されている。さらにそのなかに、霊場の縁起や霊験、参詣者による霊場の賑わい、祭礼や法会、習俗、参詣道に所在する名所・旧跡などが網羅的に描かれている。

こうした参詣曼荼羅の種類には、たとえば「那智参詣曼荼羅」や「伊勢参詣曼荼羅」、「清水寺参詣曼荼羅」「富士参詣曼荼羅」「熊野観心十界曼荼羅」などさまざまな作品が見られるが、実は立山曼荼羅も、こうした作品群の最も後期(現存の作品は十八〜二十世紀)の作例として位置づけられている。近年、参詣曼荼羅の研究は歴史学、文学、民俗学、美術史、地理学、宗教学など幅広い学問分野で研究が進められており、立山曼荼羅もその例外ではない。

二 「マンダラ」としての立山曼荼羅

ところで、幾何学的構図のチベット・マンダラや京都東寺の両界曼荼羅など、いわゆるインド密教や日本真言密教のマンダラをよくご存じの方は、なぜ山絵図のような立山曼荼羅が「マンダラ」なのか、疑問に思う人も多いだろう。

そもそもマンダラの名称は古代インドのサンスクリット語が原語で、「本質を得る」、すなわち仏の悟りの境地に達することを意味する。そして、その本質を、仏教の宇宙観や教理に基づき諸仏を配置することで図式的に表現したものがマンダラである。さらに解釈を拡げ、「聖なる空間」といった意味ももつ。

図19のチベット胎蔵曼荼羅（世界に数点しかない）を見ると、画面の中心に本尊の毘盧遮那仏を

図18　那智参詣曼荼羅『正覚寺本』（正覚寺蔵）

図19　チベット胎蔵曼荼羅（富山県［立山博物館］蔵）

配置し、さらに仏たちが集合する領域がいくつもあり、外側には聖界と俗界を隔てる結界の円輪がもうけてある。

一方、立山曼荼羅では本尊が立山山中の玉殿窟に顕現した阿弥陀如来であり、霊場としての立山領域が結界の内側、すなわち仏の教えの行き届いた聖なる空間となるわけである。このように、特定の仏を中心とし、その教えが結界の内側にあまねく行き届いた聖なる空間を表現しているといった点では両者は共通し、だからいずれもマンダラなのである。

三　立山曼荼羅の形態・素材・制作

立山曼荼羅の形態や素材、制作などについて見ていきたい。まずは形態からである。

立山曼荼羅各作品の形態は、基本的には四幅一対（セット）の掛軸形式である。ただし少数だが一～三幅、五幅の作品もある。掛軸形式をとる理由は、衆徒が行った廻檀配札活動や出開帳など、移動を伴う布教活動に適応するためにだろう。掛軸を巻き込んで束ねると、手頃な容量で持ち運ぶことができて便利である。また折り本だと小さくたためるとはいえ、折り目から破損しやすく、一方、掛軸形式だと本紙（絵画の本体部分）を巻き込むため傷むことが少ない。さらに、四幅を掛け合わせると立山信仰の各種物語を網羅した大画面ができあがり、檀那場の信者に対し衆徒の一般的な説教にとどまらず、視角的な面でも相手に具体的なイメージをもたせながら伝えることができた。

こうした基本形式に反し、三重県鳥羽市大江寺の立山曼荼羅『大江寺本』は、掛軸形式をとらず、折り本形式の巨大な一枚物である。その形態も特異であるが、そもそもなぜ大江寺に所蔵されているかも今のところ不明である。サイズは二二〇センチ×二六〇センチ（軸装の部分も含む）もあり、とても壁面には掛けきれないから、たぶん畳の上に開いて見ていたのだろう。

次に素材についてである。立山曼荼羅の素材は紙（紙本）や絹布（絹本）である。全四十一作品のうち紙本は二十八点、絹本は十三点である。幕末期に岡崎藩藩主本多忠民と皇女和宮、あるいは西尾藩藩主松平乗全など、上級身分の人々が芦峅寺宿坊家に寄進した立山曼荼羅はいずれも絹本である。

最後に制作についてである。現存する立山曼荼羅の制作年代や制作者・制作地・制作方法などは、それを示す史料がきわめて少なく、現在のところ不明な点が多い。そうしたなかで、軸裏の銘文などから制作年代や制作者が判明している作品には次のものがある。


『市神神社本』（紙本一幅・文化三年・北条左近平氏富・市神神社所蔵）。

『称念寺B本』（紙本二幅・文化十年・信濃国の桂斎・称念寺所蔵）。

『立山博物館本』（紙本二幅・文政二年・越後国高田の田中氏・富山県［立山博物館］所蔵）。

『坪井家A本』（紙本四幅・天保元年に修復補筆・芦峅寺在住の龍淵と飛陽蘭江斎・個人所蔵）。

『志鷹家本』（紙本一幅・天保七年・個人所蔵）。

『最勝寺本』（紙本一幅・安政二年・尾張国知多郡寺本村の常光院住僧至円・最勝寺所蔵）。

『宝泉坊本』（絹本四幅・安政五年・三河国西尾藩藩主松平乗全・個人所蔵）。

『吉祥坊本』（絹本四幅・慶応二年・施主は三河国岡崎藩藩主本多忠民や皇女和宮、絵師は江戸の登光斎林龍と林豊〔南伝馬町の加賀屋忠七と銀座の栄文堂庄之助〕・表装は南伝馬町の田村五太夫・個人所蔵）。

『富山県立図書館本』（絹本四幅・年代不明・遠江国敷智郡引馬城南米津村の磐谷・富山県立図書館所蔵）。

このように、制作年代が判明しているものについては、江戸時代中期の成立も考えられる『坪井家A本』を除き、他のすべての作品が江戸時代後期に制作されている。軸裏の銘文など史料的な裏づけがなく、制作年代が確定できない他の作品についても、『来迎寺本』のように筆致から十七世紀の制作と推測されるものを除き、そのほとんどは江戸時代後期のようである。

制作者と制作地については、前掲の作品事例に見られるように越中の絵師によって描かれたものはなく、檀那場の信徒によって描かれた作品や、信徒が施主となり檀那場の絵師によって描かれた作品が何本かある。

このほか、立山曼荼羅諸本の模写関係については、たとえば、『相真坊B本』『大仙坊A本』『宝龍坊旧蔵本』『善道坊本』の一群や、『宝泉坊本』『吉祥坊本』『越中書林本』の一群、『富山県立図書館本』『泉蔵坊本』『立山町本』『坂木家本』の一群、『稲沢家本』と『多賀坊本』など、とくに芦峅寺系立山曼荼羅の何点かにそれが見られる。そして、その模写系譜を見ていくと、おそらく各作品は同一工房で一度に制作されたものではなく、その都度、一作品ずつ制作されたと考えられる。

四十一点の立山曼荼羅は、一般の人々にはすべて同じテーマで描かれていて似通ったもののように思われがちだが、このような制作方法をとっているため、意外にもその筆致や色彩はバラエティに富み、観る人を飽きさせない。

四　立山曼荼羅の典型例

出版物と立山曼荼羅

近年、ビジュアル的に人目を惹きつける立山曼荼羅が関心を呼んでいる。立山・黒部アルペンルートの観光が好調なためか、その雄大な自然景観に加え、立山曼荼羅も立山にかかわる文化遺産として、さまざまな出版物やテレビ放送などにたびたび取り上げられている。

また意外なところでは、ブックカバーのデザインとしても用いられている。たとえば、直木賞作家の坂東眞砂子著『曼荼羅道』（文藝春秋、二〇〇一年）、歴史民俗学者の伊藤唯真著『日本人と民俗信仰』（法藏館、二〇〇一年）、宗教学者の石田瑞麿著『日本人と地獄』（春秋社、一九九八年）、歴史学者の網野善彦・石井進編『中世の風景を読む　3』（新人物往来社、一九九五年）、仏教民俗学者の五来重著『日本人の地獄と極楽』（人文書院、一九九一年）、英米文学者・文芸評論家の佐伯彰一著『神道のこころ』（日本教文社、一九八九年）などである。

こうした状況のもと、富山県［立山博物館］に勤務する筆者は、各出版社から出版物に立山曼荼羅の写真を掲載するため、その紙焼き写真やポジフィルムの借用依頼を受けることが多々ある。出版社側で最も人気があるのは、『大仙坊A本』と『吉祥坊本』の写真である。両作品はともに絵師に描かれ、しっかりした構図や図柄をもつ色鮮やかな作品であるが、これまでさまざまな出版物で紹介されてきたこともあり、皆それを見て借用を求めるようである。

一方、出版社が事前にどの作品の写真を借用するのか決めていない場合は困ってしまう。現在、立山曼荼羅は四十一点の作品が確認されており、その筆致や色彩は作品によって実にさまざまである。富山県［立山博物館］では館所蔵・個人所蔵のいずれの作品についても、おおむねポジフィルムを所蔵しているので、適正な手続きさえとっていただければ、それらを貸し出すことが可能である。しかし、依頼者の思惑が適当だと、どの作品の写真を提供してよいのか悩んでしまう。その時に出版社側がよく口にするのは「代表的な」とか「典型的な」、あるいは「最も立山曼荼羅らしい」作品の写真を貸してくださいといった言葉である。

立山曼荼羅諸本のうち「最も立山曼荼羅らしい作品」とは、いったいどの作品を指すのだろうか。また、それはどうやって決まるのだろうか。なかなか難しい問題だが、次項でそれを考えてみたい。

最も立山曼荼羅らしい作品とは？

立山曼荼羅の制作過程にかかわる人々として、「発願者」「発注者」「実質的な制作者（絵師など）」「受納者（使用者）」が挙げられる。制作時には、これらの人々の絵に対するかかわり方や影響力の度合いによって、絵の構図や図像にいろいろな変化が生じる可能性がある。

立山曼荼羅諸本の構図や図像を詳細に見ていくと、その大方は衆徒の意識に基づいて描かれているが、なかには実際の制作者である絵師の意識や、立山信仰の受容者である檀家の意識に基づいて描かれたと推測される部分も多分に見られる。こうした事態が生じる理由は、立山曼荼羅の制作を依頼された絵師や立山信仰の受容者である檀家が、必ずしも衆徒側の期待通りに制作時の注文や衆徒側が意図する布教内容を一〇〇%正確に受け止めてくれるとは限らないからである。

ここで、立山曼荼羅の制作時における「発願者」「発注者」「実質的な制作者」「受納者（使用者）」らのかかわり方と、それによって生み出される絵相の事例をいくつか見ておきたい。

事例その一として、衆徒の立場から見て、立山信仰の内容や現地の景観などが最も正確に描かれる場合は、衆徒自身がみずから発願し、みずから描き、みずから使用した場合である。ただし、このような作品は衆徒に絵心があれば別だが、大概は技術のない素人が描くのだから、ものすごくへタで泥臭い絵になる。作品で言えば『坪井家B本』や『佐伯家本』などである。こうした作品は衆徒側に描きたい物語や事象がたくさんあり、それをできるだけ欠かさず描き込もうとするので、画面のなかの図像数がどうしても多くなる。悪く言えばごちゃごちゃした絵になる。しかし一方では、現地の立山連峰や芦峅寺境内地の様子、布橋大灌頂法会の内容など、衆徒が実際にそれらをしっかりと認識しているため、いずれもかなり正確に描かれている。

事例その二として、発願者と発注者が衆徒か檀家のどちらか、あるいは両者であり、制作者は絵師、受納者は衆徒といった場合である。『大仙坊A本』（口絵2）や『相真坊B本』などがそれに当たる。こうした作品は根本的にはすべて絵師によって描かれているので、絵の構図や図像は美術作品としても非常に優れている。適度な図像配置がなされ、絵解き布教の教具としても、立山信仰の受容者側には見やすいものとなっている。制作時に絵師が衆徒から既存の立山曼荼羅を参考作品として与えられ、それに基づいて描いたか、あるいは衆徒から直接指示を受けて描いたようであり、立山信仰の基本的な内容はおおむね踏襲されていると言ってよい。

ただし、より注意深く図像を見ていくと、それらのいくつかに衆徒側の布教意図を考えた場合、明らかに違和感を覚えるものがある。

その典型的なものは、『大仙坊A本』や『相真坊B本』に描かれた布橋大灌頂の女性参列者の図像である。同法会に参列する人物が、老婆（**大仙坊A本52**）一人しか描かれていないのである。もし芦峅寺衆徒の布教意図に基づくならば、檀那場の檀家たちに対し布橋大灌頂の盛況な様子を宣伝し、彼らが法会に参加したくなるように、あるいはそれができなければ浄財の寄進によって結縁したくなるように、もう少し多くの参列者を描いたほうが勧進活動の際には有効だったかと思われる。しかしこれらの作品では、この老婆が一体何を象徴するのか説明がないまま、布橋大灌頂の参列者としてポツンと描かれているのである。この違和感は、作品の制作を任された絵師が、布橋大灌頂をよく理解していなかったことから生じたものである。

筆者は、この老婆について当初、慶長十九年（一六一四）に芦峅寺で布橋儀式を行った加賀藩初代藩主前田利家夫人芳春院と、加賀藩第二代藩主前田利長夫人玉泉院の象徴かとも考えてみたが、それならば二人の人物を描くべきであるし、あるいはどこかにもう少し「加賀藩藩主夫人」のイメージを強調しそうなものである。だが、そのような気配は全く見られず、どうやら見当違いのようである。

結局今は、立山曼荼羅の実質的制作者である絵師が事前にもっていた知識に基づき、「熊野観心十界曼荼羅」に描かれた半円形に人生を象徴する、「山坂」の出口直前の老婆の図像（図20）を取り込んだものと推測している。そして、「熊野観心十界曼荼羅」に描かれたこの老婆の図像の背景に潜む情報と、立山曼荼羅に描かれた参列者としての老婆の図像の背景に潜む情報は、共通の意義をもっていると思われる。すなわち、「熊野観心十界曼荼羅」において、老婆は人生を象徴する「山坂」の

図20　熊野観心十界曼荼羅『大楽寺本』
頭を頭巾で覆い、杖をつき、腰が曲がった容姿の老婆（大楽寺蔵）

出口の直前（あの世に入る直前）に描かれ、そこには境界の鳥居が立ち、その先には死者の家である墓地がある。一方、立山曼荼羅においても、老婆はやはり布橋と媼谷川を境界とするあの世の世界に入る直前に描かれているのである。今まさに、いわゆるあの世に行こうとしている老婆を、象徴的な意味をもたせて、特定の意義のある場所に配置しているのである。

違和感を覚える図像の二例目として、阿弥陀如来と聖衆の来迎図が挙げられる。

立山衆徒の意識とすれば、救済の世界としての極楽浄土はその名の通り、立山連峰の浄土山かあるいはその背後のどこか遠い彼方に存在するべきものであった。これに対して『大仙坊A本』や『相真坊B本』では、雄山と大汝山の山間に、画面に向かって左から右への進行方向で阿弥陀三尊の来迎が早来迎の形式で描かれ、さらに雄山の画面に向かって右斜面を滑り降りるように、阿弥陀如来と二十五菩薩の来迎が一つの雲に乗った集合体として描かれている。その際、来迎の動きとしては、動き始めは画面に向かって左側の雄山側から始まるが、それが雄山と浄土山の山間で反転して、最終的には画面に向かって右から左への動きとなる。それゆえ、仏・菩薩たちの集合体のなかで前列の阿弥陀如来や諸菩薩は画面に向かって左向きであるが、後列の諸菩薩は右向きから正面向きになっている。そして浄土山周辺には、来迎場面は全く描かれないのである。

これは立山衆徒たちの意識と異なっている。すなわち、地獄の剣の山である劔岳の方角から、阿弥陀如来と聖衆が来迎してきているのである。こうした構図は、絵師が衆徒の布教意図をよく理解していなかったか、あるいは理解していても、信仰内容より全体的な構図を重視したためにそうなったと考えられる。

事例その三として、安政五年（一八五八）に芦峅寺宝泉坊と師檀関係を結ぶ三河国西尾藩主松平乗全がプロ顔負けの技量でみずから模写し同坊に寄進した『宝泉坊本』や、慶応二年（一八六六）に芦峅寺吉祥坊と師檀関係を結ぶ三河国岡崎藩主本多忠民が同坊に寄進した、江戸の町絵師の手になる『吉祥坊本』など、上級身分の人々が寄進し、絵解きの教具というよりは、むしろ美術作品として成熟の域に達した作品の場合である。こうした作品を寄進された衆徒側は、作品を家宝として大事に保存することはあっても、決して絵解き布教の教具に用いることはなかった。

このほかにも、衆徒が制作にほとんどかかわらず、檀那場の檀家、あるいは全くの部外者が主体的に制作したと考えられる『最勝寺本』や『大江寺本』の事例があるが、次節で具体的にこれらの作品を見ていきたい。

以上の事例を通して、「最も立山曼荼羅らしい作品とは？」といった問題をもう一度考えると、結論としては、出版社がどういった意図のもとに立山曼荼羅を取り上げるかで、選ぶべき作品が変わってくるということである。立山衆徒の立場で立山信仰の純度が高い作品なのか、それとも、立山衆徒の布教意図と絵師の技量が調和した、教具として質の高い作品なのか、はたまた、教具としての機能は落ちるが、絵師の技量が大いに発揮され美術作品として最も完成された作品なのか、ということである。

五　風神・雷神が描かれた立山曼荼羅『最勝寺本』

数年前、愛知県知多郡阿久比町の天台宗最勝寺で、何とも風変わりな立山曼荼羅（口絵1）を拝見した。一幅の掛軸で素材は紙。大きさが絵の本体だけで、縦一七五センチ×横九六センチもある。画面を見ていくと、劔岳の針山地獄が二峰描かれ、浄土山には菩薩来迎の代わりに風神・雷神、立山地獄の位置関係はいい加減、布橋大灌頂法会は他の地獄絵の借り物と、通常の図柄からかなり逸脱している。ちなみに、立山開山縁起の内容については、通常作品には定番の佐伯有頼が手負いの熊を追いかける場面がない。玉殿窟の場面では窟がなく、阿弥陀如来と観音菩薩、勢至菩薩の三尊来迎を前に、佐伯有頼が跪いて合掌する姿が描かれている。熊は阿弥陀如来に変身せず、熊の姿のままで三尊の脇に跪いている。

このようにいびつな構図と図柄の作品だが、軸裏の銘文に「立山和光大権現画伝」と画題が記され、一応、立山開山縁起の内容や立山地獄の様子、芦峅寺媼堂なども描かれているので、立山曼荼羅と判断した。さらに銘文から、この作品は江戸時代幕末の安政二年（一八五五）、知多郡寺本村の常光院の僧侶至円に前述の画題で描かれ、完成後に現所蔵の最勝寺に奉納されたことがわかった。

従来の調査により、名古屋をはじめ、知多半島の阿久比や常滑などの地域は、江戸時代初頭から芦峅寺日光坊の檀那場だったこと、衆徒が毎年農閑期に、同地で布教活動を行っていたことなどがわかっている。おそらく至円は、そうした日光坊衆徒の布教活動に強く感化を受け、自身の信仰の発露としてこの作品を描いたものと推測される。

ただしここで興味深いのは、至円が立山信仰の主要な物語をある程度理解していたものの、その詳細にまでは至らなかった点である。衆徒は立山曼荼羅を絵解きして一生懸命布教したのだろうが、至円は三〇％ほどしか理解しなかったようで、あとは自分のイメージで描いてしまった。だからこの作品には、通常の立山曼荼羅とは異なった図柄が数多く見られるのである。

先にも述べたように、立山曼荼羅はすべての作品が芦峅寺や岩峅寺の宿坊衆徒によって描かれたと思われがちだが、現存四十一点の作品を調査する限り、最勝寺本のように外部の人の手による作品がかなり多い。むしろ衆徒自身が描いた作品は少ない。それゆえ、いずれの作品も同じ物語に基づいて描かれているとはいえ、制作者の技術や立山信仰に対する理解度、遊び心などが作品に反映され、その筆致や色彩、図像はバラエティに富んでいる。だから、たとえば佐伯有頼の顔も、開山縁起に合わせ少年として描かれることは意外に少なく、髭面や親父面で描かれるといったことが生じるのである。

六　大津絵風の鬼が描かれた立山曼荼羅『大江寺本』

立山曼荼羅『大江寺本』（図21）は三重県鳥羽市曹洞宗大江寺に伝わる作品である。一幅の大型

図21　立山曼荼羅『大江寺本』（大江寺蔵）

掛幅で、縦三一・五センチ×横四三・五センチの和紙を、およそ十枚重ね継ぎしてできている。画中には、芦峅寺衆徒の絵解き題材としての項目である立山開山縁起、立山地獄、立山浄土、立山禅定登山案内、芦峅寺布橋大灌頂法会などの内容が描かれており、いわゆる芦峅寺系の立山曼荼羅である。

この作品の特徴を見ていくと、立山開山縁起に対する制作者の意識はきわめて弱く、佐伯有頼が熊に矢を射る場面では、有頼の姿が見られず矢疵の熊だけが描かれている。また、玉殿窟での阿弥陀如来の顕現の場面も、大画面の割には取り扱い方が貧弱である。これに対し、画中中段には、立山地獄での責め苦の様子や大施餓鬼法要会の様子が大きく描かれている。獄卒の図像には大津絵の影響が強く見られ、地獄の恐さも半減し、ユーモラスな感じさえする。芦峅寺閻魔堂前に安置されていた牛石が、生きた牛をつないだ形で描かれているのはおもしろい。芦峅寺布橋大灌頂法会の場面では、一般的な芦峅寺系作品においては、法会の様子のなかに堂舎が取り込まれた形で一体的に描かれるが、この作品では、閻魔堂の図像が同法会とは無関係に独立して描かれ、布橋大灌頂の式衆・参列者の図像とは全くつながりをもっていない。

以上のように、立山開山縁起に対する意識の弱さと、布橋大灌頂法会に対する何となく理解しているようでしきれていない不完全な描写から、この作品の制作者は、芦峅寺衆徒の檀那場での勧進布教活動によって感化を受けた檀家か、あるいは檀家から発注を受けた在地の絵師（それもかなり素人に近い）であろうと推測される。

第九章　立山曼荼羅の成立過程

一　立山曼荼羅の成立過程

立山曼荼羅の起源については、これまで中世説や近世説などの諸説が提示されている。これに対して近年筆者は、とくに現存の芦峅寺系作品については、それらに描かれた布橋大灌頂の構図や図柄を、芦峅寺文書などの文献史料から考証した同法会の時期的変遷と照合させるといった方法で、各作品の制作年代を検討した。それにより、例外として天保元年（一八三〇）に修復された『坪井家A本』やその作品と類似の構図をもつ『来迎寺本』は、江戸時代後期以前に制作されたと推測されるものの、他のすべての芦峅寺系作品が江戸時代後期以降に制作されていることを指摘している。一方、現存の岩峅寺系作品やその他の系統の作品については、いまだ制作年代を的確に判定しうる有効な方法は見出せていないが、ただし、筆致や彩色を見る限り、それほど古い作品は存在しないようである。したがって立山曼荼羅の現存作品には、制作時期が江戸時代中期を遡るものは今のところ見当たらないように思う。

ただし、それはあくまでも現存作品に限定してのことであって、だからといって筆者は、それ以前に立山曼荼羅が存在しなかったと考えているわけではない。

成立起源が中世か近世かは文献史料のうえでは確認できないが、おそらく、最初の段階で描かれた立山曼荼羅は、一例を挙げると、元禄十三年（一七〇〇）の『立山禅定並後立山黒部谷絵図』（図22）の構図・図柄のように、立山連峰や黒部奥山を描いた山絵図に、立山信仰にかかわる集落や堂舎、史蹟、地名などが簡略に書き添えられたものだっただろう。あるいは、享保七年（一七二二）にはすでに木版立山登山案内図（図23）の構図や図柄が定版として確立しており、さらに時代はあとになるが、文化三年（一八〇六）の『市神神社本』（市神神社所蔵）や天保七年（一八三六）の『志鷹家本』（図24）のように、実際に木版立山登山案内図を拡大模写して

図22　立山禅定並後立山黒部谷絵図（富山県立図書館蔵）

図23　木版立山登山案内図（享保七年）（富山県立図書館蔵）

制作された立山曼荼羅も見られるので、おそらく初期の段階の立山曼荼羅にも同じような制作過程をたどるものがあっただろう。言うなれば、初期の立山曼荼羅は総じて地図的古絵図だったと推測される。ちなみに、文政二年（一八一九）の『立山博物館本（高橋家旧蔵本）』（口絵6）は江戸時代後期の作例ではあるが、原型的な山絵図の趣きを多分に残している。

ところで、江戸時代、立山衆徒は加賀藩に支配され、まず第一義に藩の祈願所としての役割を果たすとともに、とくに芦峅寺衆徒は藩の政策で、山中での修験道の修行よりも、加賀藩領国内外での廻檀配札活動に力を入れることとなった。これに基づき、布教圏は次第に拡大し配札活動の形態も進展していった。一方、それに相まって衆徒が各地で形成した檀那場では、寛文期から嘉永期にたびたび刊行された版本『和字絵入往生要集』の流布で、地獄に対する視覚的イメージの大衆化が進んだ。そうした状況下で衆徒は信

図24　立山曼荼羅『志鷹家本』（個人蔵）

徒たちの需要に応え、それまでの地図的な立山曼荼羅の構図や図柄に対し、次第に立山開山縁起や地元の祭礼・法会をはじめ、既存の地獄絵画などの図柄をふんだんに取り入れた、説話画的なものへと変容させていったと推測される。さらに、江戸時代後期、庶民の間で各地の霊場・霊山参詣が流行し、立山もその一所としてより多くの参詣者を迎えるが、こうした状況も立山曼荼羅の構図や図柄に大きな影響を与えている。

それゆえ、現在私たちが立山曼荼羅の典型的な作品と認識しているような、立山山中を舞台に地獄・浄土の世界が描かれ、さらに開山縁起や祭礼・法会などの図柄もふんだんに描かれた作品は、江戸時代後期に入り、説話画としての成熟期を迎えてからのものと言える。その集大成とも言うべき作品は後節であらためて紹介するが、安政五年（一八五八）に芦峅寺宝泉坊と師檀関係を結ぶ三河国西尾藩藩主松平乗全が同坊に寄進した立山曼荼羅『宝泉坊本』（**口絵5**）と、慶応二年（一八六六）に芦峅寺吉祥坊と師檀関係を結ぶ三河国岡崎藩藩主本多忠民が同坊に寄進した立山曼荼羅『吉祥坊本』（**口絵3**）である。

二　立山曼荼羅に影響を与えた絵画

立山曼荼羅と木版立山登山案内図

筆者はこれまで、一般市民の方から何度か立山曼荼羅を所持しているので確認してほしいとの依

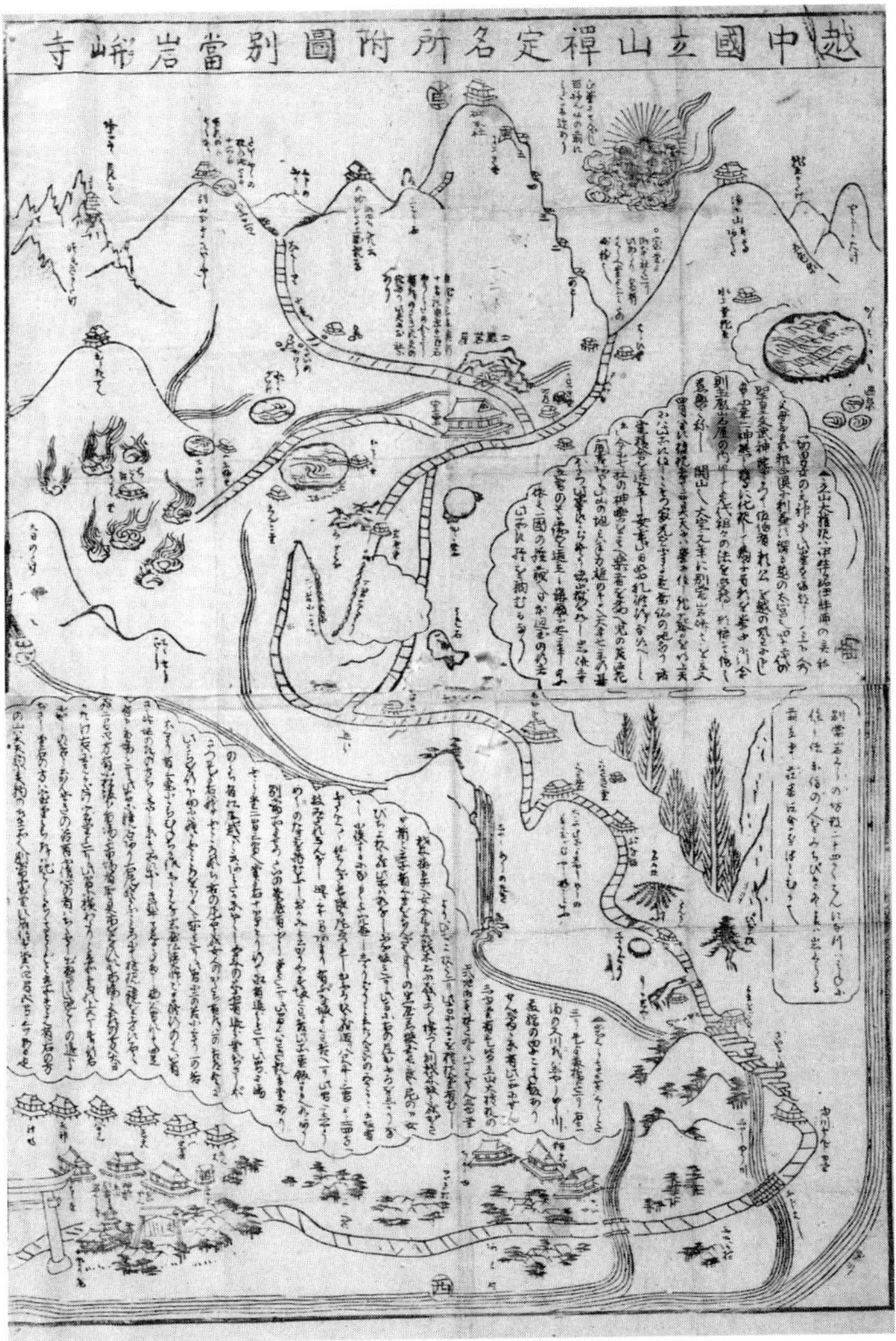

図25　木版立山登山案内図（富山県［立山博物館］蔵）

頼を受けた。しかし、いずれの場合も立山曼荼羅ではなく、木版画で単色摺りの立山登山案内図（図25）だった。この摺り物は、江戸時代から昭和初期まで、立山衆徒（芦峅寺衆徒と岩峅寺衆徒）が布教先の人々を立山登山に誘うために、あるいは立山を訪れた参詣者や登山者に対し、お土産用に頒布していた、「山絵図」と称する絵地図である。その大きさは、おおむね縦六〇センチ×横四〇センチであり、二枚の和紙を貼り合わせて一枚に仕立てている。このように立山登山案内図は立山曼荼羅とは大きさがまるで異なるが、図22〜25の絵図を比べてみてわかるように、その基本的な構図がよく似ているので、一般の方は混同してしまうようである。

立山登山案内図は、あくまでも絵地図であり、立山曼荼羅のような説話画（宗教的背景をもった物語性のある絵画）ではない。その本質は参詣者を誘うための「地図」であり、画中では、まず立山雄山山頂の峰本社に至る禅定道が最も重視して描かれる。次にそれに沿って山麓の集落や諸堂舎、山中の名所などが名称の文字注記を伴って描かれる。また常願寺川や称名川、湯川などの川筋もしっかりと描かれる。しかし、立山曼荼羅のように、立山開山縁起の佐伯有頼が熊に矢を射る場面や、玉殿窟で阿弥陀如来が現れ佐伯有頼がひれ伏す場面などは、描かれない。

地獄谷を見ても火焰と堂舎で表現されるぐらいで、そこには獄卒や亡者は描かれない。また、参詣者さえも描かれない。例外的に、浄土山と雄山の山間に阿弥陀三尊来迎が描かれてはいるものの、登場人物がほとんど存在しないこの絵の物語性はたいへん希薄である。それどころか、画中には方位を示す東西南北の文字が記されている。これはまさに、「地図」なのである。

立山曼荼羅諸本のなかには、このような立山登山案内図を元図として制作された作品が見られる。たとえば『市神神社本』は、立山衆徒との関係は不明だが、文化三年（一八〇六）、北条左近平氏富なる人物により、岩峅寺系の立山登山案内図を拡大模写し、彩色を施して制作されている。「越中国立山岩峅寺図絵」と題されたこの作品では、原画の立山登山案内図に対し特別な加筆は施されていないが、地図には欠かせない「東西南北」の方角を示す文字注記が抹消されている。

『志鷹家本』も立山衆徒との関係は不明だが、天保七年（一八三六）頃に岩峅寺系の立山登山案内図を拡大模写し、加筆・彩色を施して制作されている。「越中国立山図」と題されたこの作品でも、方角を示す文字注記が抹消されている。しかし前述の『市神神社本』とは異なり、この作品では原画に対し、立山開山縁起の一場面である佐伯有頼が熊に矢を射た場面の図柄や、立山地獄の獄卒・亡者たちの図柄が加筆されている。そのため、立山登山案内図がもつ絵地図の性格が弱められ、逆に一般的な立山曼荼羅がもつ説話画の性格が強められている。

立山曼荼羅と熊野観心十界曼荼羅

立山曼荼羅が強い影響を受けたと考えられる宗教絵画に、「熊野観心十界曼荼羅」がある。これは古代以来、和歌山県南部の熊野三山を本拠地に展開された熊野信仰にかかわる絵である。熊野三山（三社）は、熊野本宮大社（本宮町）、熊野速玉大社（新宮町）、熊野那智大社（那智勝浦町）の総称であるが、古代以来、神仏習合の代表的な山岳霊場として栄えてきた。二〇〇四年の七月には、

図26 熊野観心十界曼荼羅『大楽寺本』（大楽寺蔵）

高野山や吉野・大峯などとともに、「紀伊山地の霊場と参詣道」のくくりで、世界遺産リストに登録されている。

熊野三社には、立山信仰の本拠地である芦峅寺や岩峅寺と同様、その構成員に社家・社僧・衆徒が存在した。ただし、立山と異なる点もあり、こうした宗教者のほかに、三社の境内や周辺部には熊野本願と称される別組織の寺院が見られ、そこを拠点に活動する熊野山伏や熊野比丘尼（尼僧）も存在した。本願寺院は三社の社殿や堂塔、参道など、多くの建築物や施設を建立・

再興・修復する権利をもっていた。さらにその資金を調達するため、諸国で勧進活動を行って米や銭を集める権利をもち、その実践者として多くの熊野山伏や熊野比丘尼を抱えていた。

とくに熊野比丘尼は、中世末期から近世にかけ、修験の祈禱を行ったり熊野牛玉札を頒布しながら全国各地で勧進活動を行い、庶民、とりわけ女性や子どもたちに熊野権現の霊験を説いて回った。その際、彼女たちが絵解き布教に用いたのが「熊野那智参詣曼荼羅」や、巷では〝地獄・極楽の絵〟〝熊野の絵〟とも称された「熊野観心十界曼荼羅」であった（図26）。一四〇センチ四方の紙に泥絵の具で描かれたこの一連の作品は、現在各地で四十四点確認されている。

その構図はおおむね次の通りである。画面上段には右に太陽、左に月を配し、さらに人間の誕生から終焉の過程を半円状に描いた「人生の坂道図」を配する。画面中段には、小円で囲んだ「心」の字を配し、その下に盂蘭盆会の施餓鬼法要を配する。これらを取り囲むように、上部から、阿弥陀如来で象徴された仏界、その両側に僧侶姿で象徴された声聞界（左）と縁覚界（右）、施餓鬼壇の左右に菩薩で象徴された菩薩界を配する。こうした仏の悟りの世界の清浄な者たちを、四聖という。

続いて、悩み苦しみの世界である六道として、声聞の下には天人で象徴された天道、縁覚の下に夫婦と子どもの姿で象徴された人道を配する。また、画面中段左側に閻魔王の庁舎を配し、中段から下段にかけて、餓鬼が飢え苦しむ餓鬼道、武士たちが合戦を繰り返す修羅道、人面の牛馬などで示された畜生道、無間地獄の火車や衆合地獄の刀葉林など、亡者に対するさまざまな責め苦が示された地獄道を配する。なお、前述の四聖と六道を合わせて十界という。「熊野観心十界曼荼羅」の「十界」とはこのことである。そして、画面中段に配された「心」の字と十界の各世界が、十一本（菩薩界だけは二本）の赤い線で結ばれている。

この、「熊野観心十界曼荼羅」には、地蔵菩薩の救済や三途の川、あるいは女性のみが堕ちるとされた石女地獄、両婦地獄、血の池地獄など、室町時代に中国から日本に伝わり、同時代末期以降に隆盛した新しいタイプの地獄の図柄が見られる。そして、江戸時代後期に多くの作例が見られる立山曼荼羅にも同様の図柄が描かれているのだが、これは、まさに、十七世紀半ば頃まで熊野比丘尼の勧進活動で絵解きされていた、「熊野観心十界曼荼羅」の図柄が取り込まれたものと考えられる。

日本地獄絵画の最終作品

立山曼荼羅の地獄の場面に描かれている図柄の原点を求めると、その題材のいくつかは十二世紀末の『地獄草紙』や十三世紀前半の承久本『北野天神縁起』、十三世紀後半の聖衆来迎寺本『六道絵』などの、日本の古い地獄絵画にすでに見られるものである。

たとえば、瓮熟《おうじゆく》処《しょ》（獄卒が亡者を鉄釜の熱湯の中に投げ込み煮る）や解身地獄（獄卒が亡者を包丁で切り刻む）、鶏地獄（鶏が亡者を襲う）、雲火霧処（獄卒が猛火の中へ亡者を投げ込み焼き尽くす）、阿毘至大地獄の鉄車（獄卒が亡者を炎上する鉄車に乗せて引き廻す）などの図柄は、十二世紀末の『地獄草紙』諸本にすでに見られ、さらにそれらは中国の『正法念処経』（六世紀前半、西魏の般若流支が訳した）や『起世経』の「地獄品」（隋の闍那崛多が訳した）、『宝達問報応沙門経』（隋の時代の偽経を引用したもの）などに基づくものである。

また、等活地獄のうちの瓮熟処の図柄や黒縄地獄のうちの解身地獄の図柄、衆合地獄のうちの美女に近づくために身体を切り刻まれながら樹を登り降りする刀葉林の図柄、獄卒が亡者の股間を槍で突き刺す図柄、獄卒が亡者を臼に入れ杵で突きつぶす図柄は、十三世紀後半の聖衆来迎寺本『六道絵』にすでに見られ、さらにその『六道絵』は、平安時代中頃、比叡山横川の学僧源信によって記された『往生要集』に基づくものである。ちなみに、源信は『往生要集』の地獄の描写を記すにあたって、『大智度論』や『瑜伽師地論』『観仏三昧海経』『正法念処経』『倶舎論』などの諸経論を参考にしたり、引用したりしている。

こうした一方で、これら以外の地獄の図柄のいくつかは、前項で指摘したように「熊野観心十界曼荼羅」に描かれる地蔵の救済や三途の川、石女地獄、血盆経に基づく血の池地獄など、室町時代末期以降に隆盛した新しい図柄に基づいている。

このように、立山曼荼羅の地獄の場面の図柄には、仏教伝来以降、大陸から日本に伝播し日本的な展開を示した古くからの地獄絵画の図柄と、室町時代に大陸から日本に伝わり隆盛した新しい地獄絵画の図柄、さらには傲慢の報いで牛になった森尻の智明坊の物語や能『善知鳥』の物語など、地方性を有する図柄が見られ、それらがバランスよく並置されている。

現存の立山曼荼羅諸本を見ていく限り、制作時期が近世初期にまで遡るものはなく、また、立山衆徒の勧進布教活動の展開状況から推測しても、その絵解き布教の形態が確立・普及した時期はそれほど遡ることができない。さらに、立山曼荼羅の構図や図柄の成熟期は他の地獄絵画より極端に遅い時期、すなわち江戸時代幕末期であり、その後も昭和初期まで制作と絵解き布教が続いている。

このような実態をふまえ、仮に立山曼荼羅を日本の地獄絵画の系譜のなかで位置づけるとすれば、平安時代の地獄草紙をはじめ、その後のさまざまな地獄絵画の視覚的イメージを取り込んで成立したものとして、日本の地獄絵画史のうえでは、今のところ、最終作品に位置づけることができよう。

第十章　近代の立山曼荼羅

一　廃仏毀釈と立山曼荼羅

明治政府は、江戸時代に徳川幕府がとっていた仏教国教化政策（仏教を国の宗教とする政策）を転換し、神道国教化政策をとった。その過程で、神仏習合の形態をもつ神社から仏教的要素を排除しようとする神仏分離政策を進めた。政府は明治元年（一八六八）三月以降、一連の神仏分離令を布告し、全国の神社に対し、神仏習合の社僧や別当と称する僧侶に還俗および神職への転身、神主・社人への改称を命じた。また神の名前に仏教的用語を用いる神社を調べ、仏像を神体とする神社には、その排除をはじめ仏具や梵鐘などの排除も命じた。

これに基づき、加賀藩でも芦峅寺と岩峅寺の宗教組織の神仏分離が実施された。しかしその内容は、単なる神仏分離を超え、廃仏毀釈（仏教を廃絶する）と言えるものだった。明治二年（一八六九）三月、加賀藩より芦峅・岩峅両寺に神仏分離の申渡書が送られ、これに基づき立山権現が廃止され、雄山神社に改称された。また岩峅寺前立社壇は雄山神社遥拝所に改称され（のちに再び前立社壇に改称）、芦峅中宮寺は雄山神社祈願殿と改称された。さらに同年（一八六九）五月、加賀藩民政寮の命令に基づき、芦峅・岩峅両寺の衆徒はそれぞれ、雄山神社の西社人（西神職）、東社人（東神職）に改称され、同社の奉祀についても細かく指示が出された。

とくに芦峅寺の廃仏毀釈の状況をみると、同寺では大宮社と若宮社、閻魔堂、布橋は残されたが、神仏習合の媼尊を祀る媼堂や帝釈堂などの宗教施設は取り壊され、多くの仏像・仏具が廃棄・移遷された。

このように、明治政府が実施した神仏分離政策および廃仏毀釈により、立山信仰の本拠地だった芦峅・岩峅両寺の衆徒や社人は大打撃を受け、その直後の神道に改編された宗教活動も著しく混乱・停滞した。

だがこれに対し、江戸時代から各宿坊家が全国各地で形成してきた檀那場の状況はそれほど変わっておらず、檀家は従来通り衆徒の来訪を期待していた。芦峅寺旧衆徒の何人かは、神職として当時も、檀那場での廻檀配札活動を続けていた。

その際に使用された立山曼荼羅のうち、廃仏毀釈を避けて画中から仏教的要素をなるべく排除し、代わりに神道的要素を前面に打ち出した作品が現存している。もと芦峅寺宿坊家所蔵の『坂木家本』（図27）である。以下、この作品に表れた廃仏毀釈の影響を概観したい。

(1)画面の右下段には、仏教儀式の布橋大灌頂に代わり、雄山神社祈願殿や大宮社・若宮社とともに、神道儀式の立山大祈祭が大きく描かれている。

図27　立山曼荼羅『坂木家本』（個人蔵）

(2)立山頂上社殿に対する伊弉諾尊と手力雄命の神名をはじめ、他の諸峰にも神名が注記されている。

(3)立山開山縁起の玉殿窟の場面では、一般的に矢疵阿弥陀如来と不動明王、その出現に畏怖・平伏する佐伯有頼などの図像が描かれるが、この作品では仏教的要素が除かれ、矢疵の熊と白鷹、佐伯有頼の図像で表現されている。

(4)阿弥陀三尊の来迎の場面は具象的な図像では描かれず、仏の姿を影絵で抽象的に描いた貼り紙が施されている。

ただ、この作品は廃仏毀釈の

影響を強烈に受けたとはいえ、わずかながら仏教的要素を残している。たとえば立山地獄の場面は火焔と善知鳥の片袖幽霊譚で表現され、また、藤橋の道元禅師や材木坂、美女杉、禿杉、獅子ヶ鼻の弘法大師など、立山禅定登山案内に関する物語や名所も、目立たないように描かれている。これについては、明治政府が、古くから民衆が抱いてきた神仏に対する習合的で大らかな信仰感覚を全く顧みず、強引な宗教政策を押し進めていくことに対しての、芦峅寺衆徒のささやかな抵抗とも受け止められる。

二　立山講社と立山曼荼羅

神仏分離政策、および廃仏毀釈による芦峅寺と岩峅寺の宗教組織の衰退とは裏腹に、明治初頭から明治政府が強力に進めてきた神道国教化政策は、政策そのものに無理があり、次第にかげりが見えはじめてきた。また、それまで徹底的に押さえ込まれていた仏教界側が、政教分離を求めての反対運動や信仰の自由を求める運動を激化させたため、それまでの過度の神祇偏重の傾向は徐々に修正されることになった。明治八年（一八七五）には大教院が、さらに明治十年（一八七七）には教部省が廃止され、宗教統制政策はここに一段落した。そして、仏教各宗派の独自の宗教活動も容認されうる状況になった。

このような宗教界の気運のなかで、かつての繁栄をなくした芦峅寺と岩峅寺でも、立山への信仰登山者の誘引をもって、江戸時代の頃の賑わいを取り戻そうとする動きが出てきた。そして、明治十三年（一八八〇）に芦峅寺と岩峅寺では、雄山神社祠掌栂野安輝を先導者とし、旧東西社人（旧芦峅寺宿坊衆徒と旧岩峅寺宿坊衆徒）らで立山講社が結成された。

その経過を見ていくと、まず、明治十三年五月に講社結成のための事前準備として、栂野を中心に『立山講社仮規約』が制定され、次に同年六月一日には、栂野と雄山神社祠官大内弘麿の連名で、石川県に対し、内務省への立山講社結成許可申請の出願可否について打診がなされている。この件は六月二十一日に石川県から許可されたので、これを受けて栂野と大内の連名で内務省に立山講社結成の許可申請を出願したところ、同件は同年七月二十二日に内務省（内務卿松方正義）から許可された。

このようにして結成された立山講社の組織構成を見ていくと、講社同盟者として芦峅寺村旧衆徒四十三名と岩峅寺村旧衆徒二十五名が登録されており、そのなかには、江戸時代の芦峅寺と岩峅寺の旧宿坊家六十二軒がすべて含まれていた。

しかし、明治十七年（一八八四）八月二十一日に通達された『太政官第十九号布達』に基づき、同年九月には早くも組織が改変され、立山教会とされた。そのため同盟者の間では、再加入かあるいは脱退かの確認がとられたが、脱退者が多く出て、同盟者はこの時点で激減した。それまでの立山講社は立山雄山神社附属立山講社の名称で講社活動を続けてきたが、明治十七年九月二十一日付けの番外通達により神社から分離独立したことがひきがねとなり、立山講社の組織は二つの流れに分裂してしまった。神道方式によるものは立山教会と改称し、栂野安輝を中心に活動することになり、仏教方式によるものは雄山神社と完全に分離して、表面上は富山市に所在する天台宗圓隆寺に付属し、天台宗禅定講教会として活動することになったのである。

両教会のうち、立山教会には芦峅寺の旧宝泉坊、旧日光坊、旧大仙坊、旧福泉坊、旧相栄坊らが所属していた。一例として、とくに旧宝泉坊の神道方式による活動を見ていきたい。

旧宝泉坊は江戸時代には江戸の御府内を檀那場としていたが、明治二十年（一八八七）頃には、従来の檀那場（東京市区）に加え、当時すでに廻檀配札活動を停止していた旧吉祥坊（東京市区の一部の檀那場）や旧等覚坊（石川県能登国の檀那場）から檀那場を譲り受け、さらに神奈川県武蔵国にも新たな檀那場をもつようになった。そして信徒たちに講社員の証として鑑札を授け、神札を頒布して初穂料を得ている。また、とくに能登の檀那場では神宮教（伊勢神宮の神官を中心として組織された神道系宗教）第二十七教区金沢本部の許可のもと、皇大神宮大麻（伊勢神宮の神札）や暦（神宮司庁が発刊するもの）、箸などを頒布し初穂料を得ている。

一方、天台宗禅定講教会には芦峅寺の旧善道坊、旧泉蔵坊、旧宮之坊、旧宝龍坊、旧相善坊らが所属していた。一例として、旧善道坊の仏教方式による活動を見ていきたい。

旧善道坊は江戸時代から引き続き愛知県下の額田郡、宝飯郡、幡豆郡、渥美郡で檀那場を形成していた。同地で頒布していた護符の種類は江戸時代とほとんど大差がなく、牛玉宝印「立山之宝」や火防札「火の用心」、寿命札、星供御札などが見られ、そのほか、護符以外に線香や針、楊子《ようじ》、

図28　立山曼荼羅『善道坊本』（個人蔵）

血盆経なども頒布していた。

ところで、立山雄山神社芦峅社務所と立山教会本部が、天台宗禅定講教会の活動内容について俗信を広めていると決めつけ、その違法性を指摘・抗議し、富山県警察本部に宛てて同教会の活動に対する取り締まりを依頼した文書が残っている。この文書から、明治二十五年（一八九二）頃、天台宗禅定講教会に所属する旧泉蔵坊の佐伯鏤禅や旧宮之坊の佐伯立山、旧善道坊の佐伯寛徴、旧宝龍坊の佐伯龍尾、俗家の志鷹寛禅らが経帷子や血盆経を頒布し、あるいは賽の河原塔婆の寄進を奨励し、さらには立山曼荼羅の写しを使用して布教活動を行っていたことがわかる。

これらの宿坊家のうち旧善道坊については、同坊に残る立山曼荼羅『善道坊本』（図28）の軸裏の銘文や箱書きの内容から、明治時代中期から大正時代にかけて、同坊衆徒の佐伯寛徴が檀那場での廻檀配札布教の際に、この曼荼羅を使用していたことがわかる。また、旧泉蔵坊所蔵の『泉蔵坊本』や個人所蔵の『宝龍坊旧蔵本』については、それらに使用されている絵の具が比較的新しく、やはり近代に入り、天台宗禅定講教会の勧進布教活動のなかで制作・使用されたものと考えられる。これら一連の作品の構図や図柄は、江戸時代後期に成立した立山曼荼羅諸本のそれとほとんど変わらず、たとえば、江戸時代で幕を閉じた芦峅寺布橋大灌頂の図柄も、従来通り描き込まれている。

なお、最近の研究では、こうした天台宗禅定講教会に所属していた芦峅寺旧宿坊家だけではなく、立山教会に所属していた芦峅寺旧宿坊家の旧宝泉坊や旧日光坊、旧大仙坊なども、天台宗禅定講教会の立山曼荼羅を使用した布教活動を激しく糾弾しておきながら、実際には天台宗禅定講教会と同様、立山曼荼羅を使用した布教活動を行っていたことがわかってきている。

第十一章　立山曼荼羅ゆかりの人物

一　高野山の学侶龍淵と立山曼荼羅

江戸時代後期、真言宗僧侶の龍淵（一七七二～一八三七）の活動が、のちの立山信仰に大きな影響を与えている。もし彼がいなければ、幕末期に芦峅寺衆徒の廻檀配札活動や立山曼荼羅の絵解き文化が隆盛することはなかっただろう。

龍淵は淡路島の在家の出身で、十五歳のときに出家し、最初は地元の真言宗願海寺に入った。しかし、たいへん優秀だったので、翌年願海寺を退き、高野山金剛峯寺に入った。そこは当時、日本の最高学府であった。高野山ではエリートコースの学侶方（学僧）として、高野山内の塔頭である加賀藩菩提寺の天徳院（加賀藩第三代藩主前田利常の夫人珠姫の遺骨を納置する）で養育され、のちに独立して華蔵院の住職にまで昇りつめた。

天徳院は安永三年（一七七四）に高野山内で起こった大火災により類焼、荒廃した。これに対し同寺の住職や関係の僧侶は、以後三十年間、同寺の修復費用を創建者の加賀藩に負わせて復興するため、たびたび同藩を訪れ交渉した。しかし全く埒があかない。そこで文化四年（一八〇七）、頭脳明晰な龍淵が加賀藩に派遣された。龍淵は金沢城下に五年間滞在し、藩の寺社奉行と粘り強く交渉を続けた。そしてその努力が実り、文政三年（一八二〇）、ついに加賀藩の費用負担で天徳院の新たな霊堂が完成した。

本来なら龍淵はこの功績を引っ提げ、高野山に凱旋できたはずである。しかしその後、龍淵は加賀藩にその能力をかわれ、隠密的な行動をとるようになる。龍淵は華蔵院を引き払い、文政五年（一八二二）以降、芦峅寺に定住する。

天台系の芦峅寺に、加賀藩の影を帯びた謎の真言僧が突然移住してきたことに、当初、衆徒たちは困惑した。しかし、龍淵が同地で衆徒や門前百姓を相手に、さまざまな教育活動を繰り広げると、彼の高野山での経歴も知られ、その教養の深さから次第に尊敬されていった。そして、芦峅寺の主要行事である布橋大灌頂の儀式作法についても、龍淵がいろいろと指導しているようである。

一方この頃、芦峅・岩峅両寺の衆徒は、立山にかかわるさまざまな宗教的権利をめぐり、熾烈な争論を繰り返していた。両寺の衆徒は何度も金沢に赴き、藩の公事場奉行で争ったが、岩峅寺側に有利な状況が続き、芦峅寺側は困っていた。

ここからが龍淵の腕の見せどころである。龍淵は芦峅寺側の顧問弁護士となり、衆徒の代わりに裁判に必要な書類をすべて作成し、さらに、おそらくは金沢滞在中に築いた藩との特別な関係を駆使し、最終的には芦峅寺側を勝訴に導いた。こうした龍淵の尽力で、最終裁定では、芦峅寺側は衆徒が藩領国外に檀那場を形成し、立山曼荼羅を絵解きして廻檀配札活動を行う権利を、藩から独占的に認められた。

このように芦峅寺の大恩人となった龍淵だが、文政十二年（一八二九）、富山藩八尾に真言宗宝幢寺を開くため芦峅寺を去り、八尾に移住した。そしてそれを成し遂げ、同寺の住職として、天保八年（一八三七）に六十五歳で亡くなった。

ところで、立山曼荼羅『坪井家A本』（口絵4）は、かつて龍淵が所持した作品である。軸裏の銘文にはこの作品と前述の龍淵の履歴が記されている。

それによると、この作品はもと芦峅寺教順坊の所蔵だったが、文政期に龍淵が譲り受け、破損個所を修復したうえ、画家を雇い、龍淵の指示で図柄を大幅に補筆させている。しかし龍淵没後は、生前彼と懇意だった芦峅寺日光坊が所持した。同坊は江戸時代から昭和初期まで、毎年尾張国の檀那場で廻檀配札活動を行っていたが、その際にこの作品が絵解きされた。それが、第二次世界大戦の影響で活動が途絶え、名古屋の檀家の坪井家に取り残された。現在は富山県［立山博物館］に寄託されている。

二　浮世絵師の有楽斎長秀と立山曼荼羅

江戸時代後期の寛政期から安政期にかけて、芦峅寺の宿坊家教算坊は大坂に檀那場を形成していた。同坊の寛政十二年（一八〇〇）の檀那帳によると、同坊は当時、大坂三郷を中心に二百軒程度の檀家を抱えていた。そのなかで特徴的な配札地として新町遊廓が挙げられ、越後町や瓢簞町、吉原町、九軒町などに多数の檀家が見られる。

檀家の実態としては、経済都市大坂を反映してか、なかには大番などの身分の信徒も見られるものの武家はきわめて少なく、屋号をもつものが圧倒的に多い。また、新町遊廓の関係者や歌舞伎役者、宗教者などの檀家も見られる。

檀那場での衆徒の活動実態としては、芦峅寺衆徒の場合、一般的に冬から春にかけての農閑期に廻檀配札活動を行うとされているが、教算坊衆徒は五月や八月、九月にそれを行っている。頒布品には大札や「病気護符」「家内安全」などの護符をはじめ、血盆経や経帷子なども見られる。祈禱については、大坂三郷が石山本願寺ゆかりの地ということもあってか「御座」が勤められており（具体的な内容は不明）、浄土真宗の活動を彷彿させる。また、おそらく立山曼荼羅の絵解き布教を示すものと思われる「懸事」が、時折り檀家に求められて行われている。

そうした際に教算坊衆徒が絵解きに使用したと思われる立山曼荼羅が、富山県立山町の個人宅に残されている。立山曼荼羅『稲沢家本』（図29）がそれであり、かつてのいわゆる『教算坊本』（以下、『教算坊旧蔵本』とする）である。その最大の特徴は、形態が絹本三幅の形をとっている点である。すなわち、芦峅寺一山所蔵の古文書から、文政元年（一八一八）当時、芦峅寺一山において、彼らの立山曼荼羅の一般的な形態は三幅一対であったことがわかる。だが、そのような作品は現在

図29　立山曼荼羅『稲沢家本』（個人蔵）

二点しか残っておらず、『教算坊旧蔵本』は数少ない作品として非常に貴重である。

そのほか、この作品が十八世紀後半から十九世紀にかけて京都・大坂以西で隆盛した南画の筆致をとっていることが挙げられる。また、一般的な作品では、立山開山縁起の一場面として、画面の下段に、佐伯有頼が熊に矢を射掛け、その矢が熊に命中したにもかかわらず熊が絶命せずに駆け逃げるので、有頼がそれを追いかける場面が描かれるが、この作品ではそうした図柄は見られず、その代わりに、画面の真ん中あたりに、有頼がまるで熊を従えるかのように相並べて描かれている。さらに、画面下段には布橋大灌頂の場面が

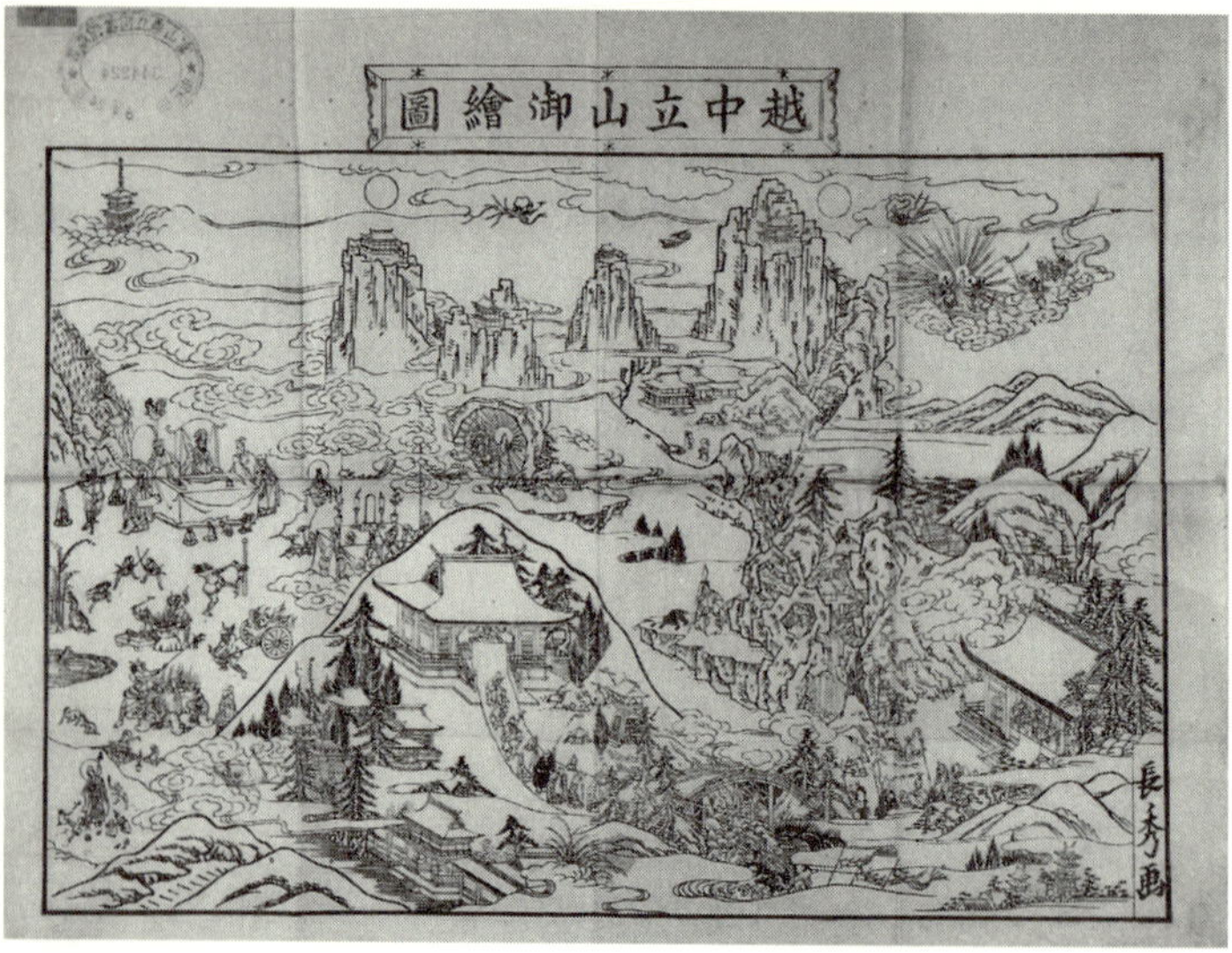

図30　越中立山御絵図〔有楽斎長秀作〕（富山県立図書館蔵）

とりわけ大きく描かれている。立山地獄の場面では、閻魔王や冥官たちが獄卒や亡者たちより若干大きめに丁寧に描かれている。一・二幅および二・三幅の間が大幅に切断されており、切断された部分の上段には日輪・月輪が、下段には布橋大灌頂で行道する式衆たちの図柄があったものと推測される。

ところで、浮世絵師の有楽斎長秀が描いた木版画の『越中立山御絵図』（**図30**）は、この立山曼荼羅『教算坊旧蔵本』とそっくりな構図と図柄をもち、模写関係がみられる。模写の精度からすると、長秀は『教算坊旧蔵本』を実見していると思われる。この作品の制作時期は、富山市郷土博物館学芸員の坂森幹浩氏によると、落款の書体から、文政年間（一八一八〜三〇）の初期〜

中期頃と考えられている。長秀は上方で活躍した浮世絵師で、その作画期は寛政十一年（一七九九）から天保七年（一八三六）までとされ、とくに合羽摺の作品では第一人者である。

文政前期には、大坂心斎橋筋塩町角、車町阿弥陀池表町筋の版元本屋清七などから版行された、「大坂しん町ねり物姿」（細判合羽摺揃物）を発表している。ここで言う練物とは祭礼の際に行われる行列で、練り歩くところからの名称である。これが上方の遊廓で夏に行われた遊女の扮装行列を指すようになる。「大坂しん町ねり物姿」はこうした遊女の扮装姿を一人一枚に描いた遊女絵であり、この作品の存在から、作者の長秀が文政前期に大坂の新町遊廓に出入りしていたことがうかがわれる。

また、文政中期には大判錦絵の役者絵を版元綿屋喜兵衛より発表している。天保後期の作品には、広重の作品を模倣した花鳥画もある。こうした役者似顔絵や美人画、花鳥画などのほか、滑稽本、噺本の挿絵や芝居番付なども描いている。

ところで、教算坊衆徒と長秀の接点、および『教算坊旧蔵本』と長秀の『越中立山御絵図』の接点は新町遊廓にある。すなわち、教算坊衆徒は寛政期から安政期にかけて、新町遊廓に檀家を抱えていたわけだが、長秀が文政前期に「大坂しん町ねり物姿」を制作する際、新町遊廓という仕切られた特別な場所で教算坊衆徒と出会い、それを契機に長秀が立山曼荼羅『教算坊旧蔵本』を模写し、『越中立山御絵図』を制作した可能性が推測されるのである。教算坊は配札、長秀は浮世絵といったように、両者がいずれも紙や墨、木版を使用する摺り物文化に深くかかわっている点も、両者の接点を考えるうえで興味深い。

長秀が『教算坊旧蔵本』を模写して『越中立山御絵図』を描いた際、『教算坊旧蔵本』では各図柄が正方形に近い長方形の画面に収められていたものが、長秀の作品では横の丈が長めの長方形の画面に収められたために、とくに地獄の場面で各図柄が幾分ゆったりと配置されている。ただし、それによって、図柄の付加や削除による増減はないものの、賽の河原や火車、目連尊者と串刺しにされたその母、獄卒に舌を抜かれる亡者などの図柄が置換されている。

また、長秀は立山の現地空間に対する認識が薄く、たとえば、賽の河原の描かれる位置が、芦峅寺系立山曼荼羅の一般的な作品や『教算坊旧蔵本』では、実景観に即して別山直下のあたりに描かれるのが、長秀の作品では、画面に向かって左端下段に描かれている。劔岳の「自然の塔」の描き方も、芦峅寺系立山曼荼羅の一般的な作品や『教算坊旧蔵本』では、劔岳そのものからそびえるように描かれるのであるが、長秀の作品では空に浮かぶ雲上に描かれている。このように細部を見ていくと、芦峅寺系立山曼荼羅の一般的な作品や『教算坊旧蔵本』に見られる描き方とは、異なる部分がある。

以上の点から考えると、『教算坊旧蔵本』を元本として長秀が『越中立山御絵図』を模写したと推測できるのである。

三　松平乗全と立山曼荼羅

江戸時代後期、芦峅寺の宿坊家は全国各地で檀那場を形成していたが、そのなかで宝泉坊、吉祥坊、実相坊、相栄坊は江戸を檀那場としていた。これらの宿坊家の衆徒は、毎年農閑期に江戸に赴き、三〜四カ月の滞在期間中に府内の檀家を巡回し、立山信仰を布教した。衆徒は檀家宅で御絵伝(立山曼荼羅)招講を行い、立山権現の霊験をやさしく絵解きした。そしてさまざまな祈禱を行うとともに、護符や経帷子、小間物、薬などを頒布し、多額の利益を得ている。宝泉坊などは元治二年(一八六五)の廻檀配札活動だけで、七百四十両近くの大金を稼いでいる。

江戸時代後期、江戸は日本の政治や経済の中心地で、世界有数の巨大都市であった。それを反映して宿坊家が抱えていた檀家たちの地位や身分は実に多様であり、幕閣大名を含む諸大名や江戸詰めの藩士、幕臣、商人、職人、さらには他宗派の宗教者や遊廓新吉原の関係者、老女を含む江戸城大奥の関係者(たとえば老女の八重嶋・邑林院・誓月院、表使の忠岩院など)も見られる。

このような状況のもと、宝泉坊は三河国西尾藩松平(大給)家を檀家としていた。同家は、江戸時代後期に乗完(第十二代藩主)、乗寛(第十三代藩主)、乗全(第十四代藩主)と、三人の老中を輩出した幕閣の超名門である。このうち乗寛・乗全親子、さらには乗全の弟で第十五代藩主の松平乗秩らが立山権現を厚く信仰していたのだが、とくに乗全(官職名は和泉守。一七九四〜一八七〇)は際立っており、自筆の作品を含む何点もの絵画や石灯籠、鉦などを宝泉坊に寄進している。

乗全は第十四代西尾藩藩主で、天保十一年（一八四〇）に家督を相続したのち、幕府の役職である奏者番や寺社奉行、大坂城代などを歴任した。さらに弘化二年（一八四五）から安政二年（一八五五）までと、安政五年（一八五八）から万延元年（一八六〇）までの二度にわたって老中職を勤め、幕政の実力者として活躍した。とくに二度目の老中職在任中には、大老井伊直弼とともに安政の大獄を遂行したことで有名である。一方、乗全は文武に優れ、書画・詩歌・茶道・蘭語・弓馬・剣術などを得意とした。また、学問所や医学研究所の済生館を設立したり、洋式砲術などを早くから導入・実用化するなど、開明的な性格であった。

ところで、宝泉坊衆徒の泰音が、江戸での宗教活動について記した幕末期の廻檀日記帳を読むと、その実態がかなり具体的に見えてくる。それによると、西尾藩の藩邸は茅場町に上屋敷（現、東京証券取引所の場所）、木挽町に中屋敷（現、歌舞伎座の場所）、深川に下屋敷があった。そして泰音がこれらの藩邸を布教に訪れた際には、乗全や乗秩本人らが必ず面談してくれている。彼らの関係は身分を越えて不思議なほどに親密だった。また、藩主の乗全や乗秩が宝泉坊の檀家なので、屋敷に住む家族や愛妾、家臣、女中にいたるすべての者が宝泉坊の檀家となっている。だから泰音は、藩邸ではいつも厚遇を受けていた。さらに、慶応三年（一八六七）の五月七日夜と六月三日昼には、泰音が深川屋敷で乗全やその家族を前にして、御絵伝（立山曼荼羅）招講（絵解き）を行っている。

こうした宝泉坊との師檀関係から、乗全は安政五年（一八五八）、おそらく当時宝泉坊が所持していた既存の立山曼荼羅を参考に、みずからがプロ顔負けの技法でそれを模写し、新たな立山曼荼羅、すなわち現存の『宝泉坊本』（口絵5）を制作した。その際、表装については、江戸幕府第十三代将軍徳川家定（安政五年七月六日没）に事前に申し伝えたうえで、かつて乗全が将軍世子の徳川慶福（のちの江戸幕府第十四代将軍徳川家茂）から拝領して保持していた衣服を解体し、その布を表具に使用したという。こうして完成した立山曼荼羅は、安政五年十二月十五日に宝泉坊に寄付された。そして、その後のいつの時期かに、この曼荼羅は江戸表において、江戸幕府第十五代将軍徳川慶喜をはじめ、諸大名たちの間で礼拝・鑑賞されたこともあったという。

そうした華麗な経歴をもつ曼荼羅ゆえに、芦峅寺一山は、慶応三年（一八六七）、加賀藩寺社奉行に対して、当時の加賀藩第十四代藩主前田慶寧にも礼拝・鑑賞していただきたいと願い出ている。乗全が『宝泉坊本』を描き、宝泉坊にそれを寄付した安政五年当時、乗全は老中に再任され、さらに大老井伊直弼の強硬路線に従い安政の大獄を遂行して、尊王攘夷派に対する弾圧を積極的に行っている。そうした時期に乗全が職務の傍ら、立山曼荼羅を制作していたのは実に興味深いことである。

四　本多忠民と皇女和宮が寄進した立山曼荼羅

幕末期、芦峅寺宿坊家の吉祥坊は、前節で紹介した宝泉坊と同様、江戸を檀那場として活動しており、三河国岡崎藩本多家も有益な檀家として抱えていた。ここで、当時の藩主本多忠民（官職名は中務大輔・美濃守。一八一七〜八三）と、彼が活躍した時代を見ておきたい。

忠民は文化十四年（一八一七）、高松藩八代藩主松平頼儀の第五子として生まれている。天保六年（一八三五）に岡崎藩第四代藩主本多忠考の婿養子として迎えられ、家督を相続して岡崎藩第五代藩主となった。天保十四年（一八四三）には幕府の奏者番に就き、弘化三年（一八四六）には幕府の寺社奉行を兼ねた。さらに忠民は、大老井伊直弼の政権下で京都所司代を勤めている。

ところで、安政五年（一八五八）、井伊は将軍の権力代行者として強権を発動し、日米間の外交問題や徳川十三代将軍家定の後継者をめぐる将軍継嗣問題を、朝廷の許可なしで強引に決着させた。その際、反対勢力を処罰・弾圧した（安政の大獄）。しかし安政七年（一八六〇）三月、井伊がこれに激怒した水戸浪士ら尊王攘夷派に暗殺されると（桜田門外の変）、久世広周と安藤信正の両老中を首班とする連立政権が成立した。彼らは井伊暗殺事件で失墜した幕府の権威を回復するため、孝明天皇の妹和宮（名は親子。出家して静寛院宮。一八四六〜八七）を十四代将軍家茂の夫人に迎える、「公武合体政策」（具体的には天皇家と将軍家が婚姻関係を結ぶこと）を進めた。そして文久二年（一八六二）二月、江戸城内で家茂と和宮の婚儀が行われた。

忠民はこうした久世・安藤の政権下で、万延元年（一八六〇）六月から文久二年（一八六二）三月まで老中職を勤めている。さらにその後も、元治元年（一八六四）十月から慶応元年（一八六五）十二月まで、二度目の老中職を勤めている。

さて、忠民は幕末期、吉祥坊に立山曼荼羅を寄進している。現存の『吉祥坊本』（口絵3）である。ただし、忠民は前節で紹介した松平乗全のように自分で描くことができなかったので、吉祥坊には作品の制作費を布施として渡したものと推測される。それを受けて、当時の吉祥坊衆徒の体順（?～一八六八）は、立山曼荼羅の実質的な制作を檀家である南伝馬町の加賀屋忠七と銀座の筆屋の栄文堂庄之助に依頼し、慶応二年（一八六六）四月に作品の本紙が完成している。この作品の画中下段には登光斎林龍と林豊の二名の作者銘と落款が見られ、先述の両者と同一人物であると思われる。一方、作品の表装は、同年五月に南伝馬町の田村五太夫が行っている。

『吉祥坊本』の構図や図像は『宝泉坊本』のそれと著しく類似しており、両作品の間には明らかに模写関係がうかがわれる。おそらく、登光斎林龍と林豊が『吉祥坊本』を制作する際には、松平乗全が、かつてみずから制作して芦峅寺宝泉坊に寄進した立山曼荼羅『宝泉坊本』を事前に借り受け、その構図や図像を参考にさせたのであろう。

立山曼荼羅『吉祥坊本』が慶応二年四月に、本多忠民の寄進本としてすでに完成していたことは前述の通りだが、その後、和宮がこの作品にかかわっている。その年、慶応二年七月二十日、第二次長州征討で大坂城まで出陣していた将軍家茂が城中で急死した（享年二十一歳）。そこで、その家茂に対する追善供養の意味が、この作品に加えられたのである。おそらく、和宮降嫁の際、幕府の老中として家茂や和宮と関係があった本多忠民が、未亡人となった和宮に対し、作品への布施といった形で家茂の追善供養をもちかけたのであろう。この作品の表の上部には和宮の寄附を示す識札が、裏には家茂と和宮の二枚の識札が、施主の代表者としての扱いで貼り込まれている。

一方、幕末期、江戸城大奥の女性たちのなかにも、立山信仰に心を寄せる者が少なからず存在した。しかも、どちらかといえば上級身分の者が多く、たとえば芦峅寺相栄坊と関係があった西丸上臈御年寄の八重嶋（?～一八五二。天保二年〔一八三一〕より若君徳川家定付の老女となる）を代表格に、宝泉坊の檀家であった邑林院（御年寄、徳川家斉姫君付）、妙智院（本丸御中臈頭、家斉正室付）、善珠院（本丸、家斉正室付）、芳善院、その他、誓月院（御年寄）、忠岩院（表使、家斉姫君付）、千萩院（家斉姫君付）、薩池院（家斉姫君付）、幾嶋院らである。

和宮と立山信仰との関係は、先述の本多忠民との関係に加え、こうした大奥への立山信仰の流入といった状況にも影響を受けて成立したものであろう。

エピローグ

立山曼荼羅の絵解きを生で体験したい方には、魚津市・浄土真宗大徳寺で毎年八月十六・十七日に勤められる、虫干し法要がお奨めである。その際、住職により立山曼荼羅『大徳寺本』の絵解きが行われる。

一方、江戸時代からの立山衆徒の系譜に連なる立山曼荼羅の絵解きは、残念だが今はもうない。富山市梅沢町の天台宗圓隆寺（芦峅寺泉蔵坊）の先々代住職佐伯秀胤氏が、立山曼荼羅の最後の絵解き者だった。明治三十六年生まれの佐伯氏は、幼少より父忠胤氏と、立山信仰の布教のため東海地方の檀那場を巡り、実際に立山曼荼羅を節談調（抑揚のある語り口）で絵解きした。終戦後も何度か檀那場へ赴き、布教したという。

芦峅寺日光坊の出自である佐伯泰正氏によると、同氏の父の佐伯義道氏も戦前までは愛知県の檀那場で立山信仰を布教しており、やはり節談調で立山曼荼羅を絵解きしていたという。かつてこれを裏づける発見があった。

図31　立山曼荼羅『大徳寺本』を絵解きする同寺住職・佐伯昭彦氏

平成二年（一九九〇）の冬、私は立山曼荼羅らしき絵図があるとの情報を得て、その確認のため名古屋市へ向かった。同市鳥森の坪井家。このお宅に立山曼荼羅が人知れず眠っていた。

調査からこの地域の坪井家一族が、芦峅寺日光坊の檀家だったことがわかった。日光坊は毎年、農閑期に尾張国で立山信仰を布教していたのだが、坪井家一族はその際、現地で日光坊をあらゆる面で支えていた。さらに驚くべきは、ご主人は分家された方だが、近所に所在するその本家は立山講の講元として宿家を担っていたお宅であり、第二次世界大戦が始まる前まで毎年「立山様」（衆徒）が自宅に来ていたことを、ご主人が憶えていたのである。戦争で衆徒が布教に来られなくなり、立山曼荼羅が取り残された。私は座敷に掛けられたボロボロの立山曼荼羅をひととき眺めながら、肝心な調査も忘れて、昭和初期までこの地域で行われていた絵解きの情景を、感慨深く思い浮かべていた。

今では佐伯秀胤氏と佐伯義道氏の両氏とも亡くなられて久しく、立山信仰がまだ生きていた時代の節談調の絵解きは、それを記録した台本やテープもないので、一体どのようなものだったのか全く知ることができない。

ところで、岩峅寺宿坊家の延命院には、立山曼荼羅の絵解き台本とみられる『立山手引草』(写本二冊)が残っている。これは、幕末の嘉永七年(一八五四)に同坊衆徒の玄清が、当時存在していた何らかの絵解き台本を書写したものである。同本により、幕末の一事例として、岩峅寺衆徒が立山曼荼羅を絵解きした際、そこでどのような説話が、どのような口調で語られていたのかを知ることができる。

ただし、同本だけで立山曼荼羅の絵解き世界を論じ尽くすことはできない。なぜなら、同本はあくまでも岩峅寺衆徒の絵解き台本であり、芦峅寺衆徒のものではないからだ。

そもそも立山曼荼羅の絵解き布教は、江戸時代初頭から加賀藩領国の内外で廻檀配札活動を行っていた、芦峅寺衆徒のお家芸であった。一方、岩峅寺衆徒の場合は、おそらく江戸時代後期の一時期にそれを行っていたにすぎない。それすらも天保四年(一八三三)、加賀藩公事場奉行の最終裁定で、岩峅寺衆徒の加賀藩領国外での廻檀配札活動や出開帳が全面的に禁止されると、彼らが立山曼荼羅を絵解きする機会は激減した。裁定以後、彼らが絵解きを行うとすれば、夏期に立山禅定登山者が岩峅寺の宿坊家に宿泊した折、翌朝からの禅定登山に備え、事前の山中案内として行うくらいであった。

こうした当時の状況からすると、『立山手引草』は裁定後の嘉永七年に成立しており、藩領国外での布教活動といった点では、立山曼荼羅自体とともに、ほとんど必要のないものだった。それゆえ、同本の本質的な性格は、芦峅寺衆徒が行ったような檀那場の人々に立山信仰の思想を中心に伝えるためのものではなく、禅定登山者に事前の現地案内を行うためのものだった。以上の理由により、同本で立山曼荼羅の絵解きの家元たる芦峅寺衆徒のそれを紹介するには無理がある。

ではどのような方法でならそれが可能か。これに対し、筆者は本書において立山曼荼羅を歴史学の絵画史料としてとらえ、まずその絵がどのような構図をとり、そのなかにどのような図柄が描かれているのかを調べ、それらを分析した。次にそれらの意味やそれらがおりなす構図の意味について、各作品が制作された時代の社会背景も考慮しつつ、時には文献史料も駆使しながら読解していった。それにより、芦峅寺衆徒が、立山曼荼羅の絵で一体どれほど多くの説話や思想を物語れ得たのかを、ある程度までは紹介することができたように思う。

図版一覧

【立山曼荼羅図鑑】制作＝杉浦康平・佐藤篤司・新保韻香

1『最勝寺本』（最勝寺蔵）
2『大仙坊Ａ本』（個人蔵）
3『吉祥坊本』（個人蔵）
4『坪井家Ａ本』（個人蔵）
5『宝泉坊本』（個人蔵）
6『立山博物館本』（富山県［立山博物館］蔵）

【モノクロ図解】制作＝杉浦康平・佐藤篤司・新保韻香
立山曼荼羅『大仙坊Ａ本』（個人蔵）
立山曼荼羅『吉祥坊本』（個人蔵）

【本文図版】
図1　木造立山開山慈興上人坐像（芦峅寺雄山神社蔵／国指定重要文化財）
図2　立山曼荼羅『大仙坊Ａ本』立山地獄の場面（個人蔵）
図3　六道輪廻図（富山県［立山博物館］蔵）
図4　剱岳から出土した銅錫杖頭と鉄剣（富山県［立山博物館］蔵／国指定重要文化財）
図5　地蔵菩薩霊験記絵巻（アメリカ・フリア美術館蔵）
図6　立山曼荼羅『大仙坊Ａ本』立山浄土の場面（個人蔵）
図7　銅造男神立像（富山県［立山博物館］蔵／国指定重要文化財）
図8　芦峅寺の布橋と立山
図9　木造媼尊坐像（芦峅寺閻魔堂蔵／富山県指定文化財）
図10　一九九六年第11回国民文化祭立山フェスティバル布橋大灌頂法会の現代的復元（女性参詣者が引導師式衆に導かれて布橋を渡る場面）
図11　立山曼荼羅『日光坊本』布橋大灌頂の場面だけが描かれた作品（個人蔵）
図12　芦峅絵図　6図のうち第3図［芦峅寺境内立山大権現・本社大宮・若宮図］（金沢市立玉川図書館蔵）
図13　立山曼荼羅『桃原寺本』玉泉院狛犬と湯立釜（個人蔵）
図14　立山ざら越え道筋絵図（個人蔵）
図15　立山曼荼羅『坪井家Ａ本』刈込池と龍（個人蔵）
図16　立山温泉周辺の概略図（原図制作＝杉本理恵氏）
図17　立山曼荼羅『竹内家本』立山温泉（個人蔵）
図18　那智参詣曼荼羅『正覚寺本』（正覚寺蔵）
図19　チベット胎蔵曼荼羅（富山県［立山博物館］蔵）
図20　熊野観心十界曼荼羅『大楽寺本』頭を頭巾で覆い、

杖をつき、腰が曲がった容姿の老婆（大楽寺蔵）

図21 立山曼荼羅『大江寺本』（大江寺蔵）

図22 立山禅定並後立山黒部谷絵図（富山県立図書館蔵）

図23 木版立山登山案内図〔享保七年〕（富山県立図書館蔵）

図24 立山曼荼羅『志鷹家本』（個人蔵）

図25 木版立山登山案内図（富山県［立山博物館］蔵）

図26 熊野観心十界曼荼羅『大楽寺本』（大楽寺蔵）

図27 立山曼荼羅『坂木家本』（個人蔵）

図28 立山曼荼羅『善道坊本』（個人蔵）

図29 立山曼荼羅『稲沢家本』（個人蔵）

図30 越中立山御絵図〔有楽斎長秀作〕（富山県立図書館蔵）

図31 立山曼荼羅『大徳寺本』を絵解きする同寺住職・佐伯昭彦氏

写真提供

佐伯昭彦氏（**図**31）

著者（**図**9・15・17・20）

＊右記以外の写真原版については、富山県［立山博物館］提供。

あとがき

本書は平成十五年四月から翌年六月にわたり、富山新聞に連載した「立山曼荼羅　絵解きの世界」の原稿を再構成および加筆したものである。

富山県［立山博物館］に勤めて早十五年になるが、その間、同館の学芸活動を通して多くの立山曼荼羅を実見してきた。同館開館記念「立山のこころとカタチ――立山曼荼羅の世界」展（平成三年度）を皮切りに、開館五周年記念「曼荼羅世界との邂逅」展（平成八年度）、開館十周年記念「地獄遊覧――地獄草紙から立山曼荼羅まで」展（平成十三年度）といった、同館の節目を飾る立山曼荼羅関係の展覧会を次々と手掛けていくなかで、今では四十一点の作品を確認している。

こうした活動が御縁となり、米原寛先生をはじめ真鍋俊照先生、林雅彦先生、岩鼻通明先生、高達奈緒美先生、脊古真哉先生、鷹巣純先生らからたびたびご指導いただくことができたが、このことは私の知識と研究視野を拡大させることになり、たいへん有意義であった。特に林先生と岩鼻先生には、立山博物館や諸学会等でしばしばお話しする機会に恵まれ、先生方のご著書やご論文も繰り返し読み、大いに勉強させていただいている。また、私の立山曼荼羅の一連の研究活動をいち早く評価してくださったのは、脊古先生と高達先生だった。さらに、「曼荼羅世界との邂逅」展や「地獄遊覧――地獄草紙から立山曼荼羅まで」展で一緒にお仕事をさせていただいた真鍋先生と鷹巣先生からも、大いに影響を受けている。こうした過程で、近年は立山曼荼羅に対する自分なりの考え方もまとまり、機会があれば立山信仰や立山曼荼羅に関する普及書を手掛けたいと思っていたので、今回、意外に早くそれが実現でき、しかもなんと、グラフィックデザイナー界の泰斗杉浦康平先生と同事務所の佐藤篤司先生にカバーと口絵のデザインを手掛けていただくことができ、重ね重ね喜ばしいかぎりである。

ところで、私は富山県小矢部市の浄土真宗大谷派善住寺に生まれたが、興味深いことに、曾祖父の代から歴代住職は誰一人として立山に登っていない。寺院の跡継ぎとしては、私がはじめて立山に登ったのである。私が父に、「越中では立山信仰に根づいた成人儀礼の立山登山の風習が各地にあったのに、また立山は阿弥陀如来を本地とする山でもあるのに、なぜ今まで登らなかったのか」と尋ねると、はっきりとした答えはなかったが、どうやら父は、弥陀一仏の信仰を旨とする浄土真宗の僧侶がそうした風習に関わることを野暮と感じていたらしい。

このような福江家の家風（?）のなかで、私をはじめて立山に連れていってくれたのは母だった。小学校四年生の夏、早朝、母と二人で自宅を出て富山に向かい、富山駅から立山室堂までの直行バスに乗った。室堂に着くと早速、雄山山頂を目指したが、一ノ越を越え、三ノ越ぐらいのところまで来ると、次第に雨が強くなり、途中で引き返した。その後は、ミクリガ池や地獄谷の辺りを散策して帰ったことを覚えている。頂上にはたどり着けなくて残念だったが、結局、母が住職および住職候補は立山に登らないといった福江家の家風を、あっさり壊してしまったのである。

さて、後になって知ったのだが、母は地元の石動高校や金沢女子短期大学在学中、ずっと山岳部に所属しており、立山はもとより白山や医王山など、よく地元の山々に出かけていたのである。母は几帳面で、登山の度にしっかりとした日誌をつけており、それからは当時の登山コースや費用、本人の感想などをつぶさに知ることができる。母はかなりの健脚で、たとえば、昭和二十八年（石動高校時代）七月二十五日〜二十八日の立山登山では、第一日目：石動（午前六時発）→富山→粟巣野（以下徒歩）→称名→八郎坂→弘法小屋→追分小屋→天狗小屋（二十一時着・宿泊）。第二日目：天狗小屋→室堂→一ノ越→雄山山頂→大汝→劔御前→地獄谷→雄山社→天狗→獅子ヶ鼻・一ノ谷→追分→立山温泉（宿泊）。第三日目：立山温泉→水谷→軌道→粟巣野。といった、女子高生としては驚くべき行程を踏破している。さらに昭和三十年（金沢女子短期大学時代）八月八日〜十日の立山登山では、劔岳や大日岳も踏破している。こうした母の山好きのお陰で、私は福江家の家風から脱却し、立山と縁を結ぶことができた。これが現在の立山博物館の仕事に繋がっているようにも思う。今回の出版は、山好きの母が一番喜んでくれるように思うので、この本は母に捧げたい。

本書の刊行にあたっては、多くの方々からご支援とご協力を賜りました。富山新聞社、杉浦康平プラスアイズ、芦峅寺村、富山県［立山博物館］の各氏に対し、厚くお礼申し上げます。なお、本書の執筆に際しての資料提供や資料写真の掲載、雑務等に関しては、次の方々に格別の御高配を賜りました。ここに記して厚くお礼申し上げます。

芦峅寺氏子総代、稲沢照彦氏、金沢市立玉川図書館、黒部市吉田科学館、後藤牧宗氏、佐伯昭彦氏、佐伯健一氏、佐伯彰一氏、佐伯泰正氏、佐伯令麿氏、佐伯宏氏、佐伯むつみ氏、坂木茂氏、志鷹新太郎氏、杉本理恵氏、竹内淳一氏、田村晴彦氏、坪井政子氏、富山県［立山博物館］、富山県立図書館、番匠康好氏、平本憲宗氏、桃野真晃氏、安村公見氏、山岸幹氏、山本憲司氏（五十音順）。

最後に、出版事情の困難な時期、本書の出版を快諾していただいた法藏館編集部編集長の上別府茂氏と、編集担当者としていろいろ筆者の要望をお聞きいただいた同社編集部大山靖子氏に対して、心より御礼申し上げます。

平成十七年七月十三日

福江　充

福江　充（ふくえ　みつる）

1963年富山県小矢部市に生まれる。1989年大谷大学大学院文学研究科修士課程修了。1990年富山県［立山博物館］建設準備室学芸員を経て，1991年富山県［立山博物館］学芸員，1998年同主任・学芸員，現在に至る。主な著書に『立山信仰と立山曼荼羅』（岩田書院，1998年，第9回日本山岳修験学会賞受賞），『近世立山信仰の展開』（岩田書院，2002年），主な共著に『地獄遊覧』（富山県［立山博物館］，2001年），主な論文に「立山曼荼羅の図像描写に対する基礎的研究」（『富山県［立山博物館］研究紀要』7，2000年），「芦峅寺の媼尊とお召し替え行事」（『富山県［立山博物館］研究紀要』12，2005年）など多数。

立山曼荼羅——絵解きと信仰の世界

二〇〇五年七月二三日　初版第一刷発行

著　者　福江　充
発行者　西村七兵衛
発行所　株式会社　法藏館
京都市下京区正面通烏丸東入
郵便番号　六〇〇-八一五三
電話　〇七五-三四三-〇〇三〇（編集）
〇七五-三四三-五六五六（営業）

印刷・製本　亜細亜印刷株式会社

ISBN 4-8318-7440-X C1021